AF532075

MONIKA SANTOS

Portugal Kochbuch

Die leckersten Rezepte der portugiesischen Küche für jeden Geschmack und Anlass

Email: info@edition-lunerion.de
www.edition-lunerion.de

Psiana eCom UG
Berumer Str. 44
26844 Jemgum

Vorwort

Eldorado für Surfer, Traumstrände an der Algarve, spannende Geschichte und Fußball-Nation – Portugal wird für vieles geliebt, aber eines gehört seltsamerweise nicht zu den bekannten Hits: die portugiesische Küche. Dabei punktet sie mit unschlagbarer Geschmacksvielfalt und wie Sie die bei sich zuhause entdecken können, zeigt Ihnen dieses Kochbuch.

Der Atlantik schenkt reichlich Fisch und Meeresfrüchte, das südliche Klima bringt hochwertiges Olivenöl hervor, Schaf, Ziege und Rind liefern herzhaftes Fleisch und den Rohstoff für zahlreiche aromatische Käsesorten: Die portugiesische Küche hält für Freunde des deftigen Genusses eine Riesenauswahl an Schlemmereien bereit. Ob Vorspeise, Hauptgericht, raffinierter Snack oder sündig-süßes Dessert, die mediterrane Speisetradition Portugals hält zahlreiche einzigartige Gerichte für Entdecker bereit und sorgt insbesondere bei Fleisch- und Fischfans für strahlende Augen. Doch auch Veggies werden dank reichhaltiger Beilagen satt und entdecken Gemüse, Bohnen & Co. von einer ganz neuen Seite.

Guten Appetit!

INHALT

Bom apetite

Wie so viele andere Länder auch, hat Portugal viele kulinarische Besonderheiten zu bieten. Dieses Land zeichnet sich durch seine Vielfältigkeit aus. Es mögen oftmals die gleichen Grundrezepte vorherrschen, jedoch sind sie je nach Region sehr unterschiedlich, denn es werden verschiedene Zutaten verwendet. So kann jedes Rezept derart abgewandelt werden, dass immer ein anderes Gericht zustande kommt.

Die Portugiesen sind durch die Lage ihres Landes am Atlantischen Ozean dazu geneigt, viel Fisch und Meeresfrüchte zu verspeisen. Zudem ist es üblich, mittags und abends vollwertige Mahlzeiten zu sich zu nehmen. Dazu gehört meist auch eine Vorspeise.

Das Abendessen wird, im Gegensatz zu deutschen Gepflogenheiten, erst spät eingenommen, nämlich ab halb acht Uhr abends. Das Mittagessen gibt es pünktlich ab 12 Uhr.

Gefrühstückt wird in Portugal eher sporadisch. Dazu gehört ein Kaffee oder Espresso sowie Saft. Ein Toast mit Butter oder süßes Gebäck begleitet das Getränk. Es wird auch nicht unbedingt zu Hause am Küchentisch mit der Familie gegessen. Die Portugiesen nehmen dieses meist zwischendurch auf dem Weg zur Arbeit zu sich oder setzen sich in ein Café, welches sich in der Nähe der Arbeitsstätte befindet.

Portugal gehört zu den Ländern, in denen es kaum vegetarische oder gar vegane Hauptgerichte gibt. Allenfalls die Beilagen oder einige Vorspeisen oder Suppen könnten dieser Essgewohnheit entsprechen.

In größeren Städten sind allerdings Restaurants zu finden, die sich auf vegane und vegetarische Kost spezialisiert haben, aber wirklich original portugiesische Rezepte auf dieser Basis gibt es nicht.

Im Kapitel „Vegetarische Hauptspeisen" sind einige Rezepte zusammengetragen, die, wie schon erwähnt, eher als Vorspeisen oder Beilagen dienen, aber dennoch als alleinige Speise genossen werden können. Zudem sind einige Salate zumindest auf vegetarische Art zubereitet. Weitere Rezepte sind mit der Information vegetarisch oder vegan markiert.

Ansonsten sind viel Fisch und deftige Fleischmahlzeiten üblich. Es ist auch nicht ungewöhnlich, beides miteinander zu kombinieren. Gerade in ländlichen Gegenden wird oft ein Eintopf zubereitet. Reis und Kartoffeln dienen hauptsächlich als Beilagen. Gemüse wird ebenso gereicht, hier spielen Bohnen eine ganz große Rolle.

Gewürze werden eher zurückhaltend verwendet, in der Regel gehört Knoblauch zu fast allen Gerichten dazu. Dafür wird nicht mit gutem Olivenöl gespart. Dies gilt auch für Zucker; Süßspeisen sind süß und oft mit Blätterteig hergestellt.

Die kulinarische Vielfalt setzt sich aus dem zusammen, was das Land hergibt. Schafe, Ziegen und Rinder sind neben den Meeresfrüchten der Hauptbestandteil der portugiesischen Nahrung. Zudem liefern diese Tiere die Milch für die unterschiedlichsten Käsesorten, die je nach Region im Geschmack sehr variieren.

Die portugiesische Küche ist in der Regel einfach gehalten und gleicht der deutschen Hausmannskost. Es ist also nicht sehr schwierig, das eine oder andere Gericht auch zu Hause auf den Tisch zu bringen.

Sollten Sie nicht immer die Originalzutaten bekommen, ist es durchaus möglich, auf ähnliche Produkte zurückzugreifen. Lassen Sie sich nun von der kulinarischen Vielfalt Portugals verzaubern.

EINKAUFSLISTE

✓ Stockfisch (getrockneter Fisch, Kabeljau o. Ä.)
✓ Oktopus
✓ Meeresfrüchte (Muscheln u. Ä.)
✓ Piri-Piri-Schoten
✓ Paprika
✓ Grüne Bohnen
✓ Tomaten
✓ Zwiebeln
✓ Zitronen
✓ Kichererbsen
✓ Chouriço (portugiesische Paprika-Knoblauchwurst)
✓ Queijo de Azeitão (Schafsmilchkäse)
✓ Presunto (portugiesischer Schinken)
✓ Vanillepaste (im gut sortierten Einzelhandel erhältlich)
✓ Madeira-Likörwein
✓ Olivenöl
✓ Petersilie
✓ Koriander
✓ Lorbeer
✓ Thymian
✓ Oregano
✓ Blätterteig
✓ Knoblauch
✓ Paprikapulver
✓ Hefe
✓ Rotweinessig
✓ Weißweinessig
✓ Meersalz
✓ Kreuzkümmel
✓ Reis
✓ Maismehl

Frühstück

CHOURIÇO-OMELETT

RÜHREI MIT PAPRIKAWURST

 2 Port.

 20 Min.

 Leicht

Zutaten

40 g Chouriço
¼ Bund Petersilie
5 Eier
1½ EL Olivenöl
Je 1 Prise Salz und Pfeffer

Nährwerte p. P.

310 kcal
17 g Kohlenhydrate
17 g Fett
22 g Eiweiß

1 Verquirlen Sie die Eier in einer Schüssel. Spülen Sie die Petersilie ab und hacken Sie sie in feine Stücke. Schneiden Sie die Wurst in dünne Scheiben.

2 Erhitzen Sie einen halben Esslöffel Olivenöl in einer Pfanne und braten Sie die Wurstscheiben darin an.

3 Anschließend nehmen Sie die Wurst heraus und legen sie zum Entfetten auf ein Stück Küchenpapier.

4 Geben Sie das restliche Olivenöl in die Pfanne und fügen Sie die Wurst wieder hinein.

5 Füllen Sie das verquirlte Ei zur Wurst und garen Sie das Rührei bei mittlerer Hitze. Heben Sie nach einiger Zeit die Ränder an, um die Eimasse darunter laufen zu lassen.

6 Wenn das Omelett gar ist, schmecken Sie es mit Salz und Pfeffer ab. Streuen Sie zum Servieren die Petersilie über das Omelett.

Tipp: Servieren Sie das Omelett mit Toastbrot und einem Salat.

PASTEL DE NATA
BLÄTTERTEIGTÖRTCHEN

12 Port.

45 Min.

Leicht

Zutaten

125 g Zucker
2 EL Speisestärke
400 ml Sahne
1 Pck. Blätterteig (Rolle aus dem Kühlregal)
200 ml Milch
1 Prise Salz
6 Eigelb
1 Pck. Vanillezucker
Puderzucker oder Zimtzucker nach Belieben

Nährwerte p. P.

309 kcal
29 g Kohlenhydrate
20 g Fett, 4 g Eiweiß

1 Füllen Sie die Milch in einen Topf und geben Sie den Zucker, das Eigelb, die Speisestärke und den Vanillezucker sowie eine Prise Salz dazu.

2 Verrühren Sie alle Zutaten zu einer glatten Flüssigkeit und fügen Sie dann die Sahne zu.

3 Kochen Sie die Milchmischung unter ständigem Rühren einmal auf. Es könnte sich während des Kochens das Milchfett absetzen. In diesem Fall rühren Sie die Creme so lange weiter, bis wieder eine homogene Masse entstanden ist.

4 Füllen Sie die Creme in einen kalten Topf um und stellen Sie sie zum Abkühlen beiseite.

5 Heizen Sie den Backofen auf 250 °C Umluft vor. Fetten Sie eine Muffinform (12 Fächer aus Metall) mit Butter ein.

6 Rollen Sie zunächst den Blätterteig einmal aus. Mit der langen Seite beginnend, rollen Sie den Blätterteig dann locker wieder auf.

7 Schneiden Sie die Blätterteigrolle in 12 gleich große Stücke. Setzen Sie nun in jede Muffinmulde je ein aufgerolltes Stück Blätterteig. Die Schnittfläche zeigt nach unten.

8 Benetzen Sie Ihre Finger mit etwas Wasser und drücken Sie jedes Stück Blätterteig von der Mitte her nach außen. Der Boden und die Seiten der einzelnen Förmchen sollen mit dem Blätterteig bedeckt sein. Füllen Sie anschließend die Creme in den Blätterteig.

9 Backen Sie die Törtchen für etwa 30 Minuten auf der mittleren Schiene. Die Blätterteigtörtchen sind fertig, wenn die Oberfläche schwarz wird. Dies ist in diesem Rezept so gewollt; wenn Sie es nicht mögen, holen Sie die Törtchen etwas früher aus dem Backofen.

10 Nach dem Abkühlen nehmen Sie die Törtchen aus der Form und bestreuen sie mit Puderzucker oder Zimtzucker.

PORTUGIESISCHE FRÜHSTÜCKSBRÖTCHEN

18 Port. | 2 Std. 15 Min. | Leicht

Zutaten

750 g Mehl
36 g Hefe, frisch
375 g Wasser, lauwarm
1 EL Butter, zum Einfetten
75 g Butter
4 EL Petersilie
2 EL Mehl für die Arbeitsfläche
1 TL Salz
6 Knoblauchzehen
3 EL Öl

Nährwerte p. P.

195 kcal
31 g Kohlenhydrate
6 g Fett
5 g Eiweiß

1 Füllen Sie das warme Wasser in eine Rührschüssel und lösen Sie die Hefe darin auf. Mischen Sie in einer weiteren Rührschüssel das Mehl mit dem Salz und geben Sie anschließend das Wasser mit der aufgelösten Hefe dazu.

2 Vermischen Sie alle Zutaten miteinander. Sollte der Teig zu klebrig werden, fügen Sie noch etwas Mehl hinzu. Kneten Sie den Teig gut durch und formen Sie eine Kugel daraus.

3 Bestreichen Sie die Teigkugel mit dem Öl und stellen Sie die Schüssel zugedeckt für eine Stunde an einen warmen Ort.

4 Nach der Ruhezeit kneten Sie den Teig abermals gut durch und stellen ihn für weitere 10 Minuten zum Ruhen beiseite.

5 Bestäuben Sie eine Arbeitsfläche mit Mehl. Rollen Sie den Teig locker aus. Stechen Sie mit einem Glas gleich große Kreise aus dem Teig aus und drapieren Sie sie auf einem eingefetteten Backblech. Alternativ können Sie das Blech auch mit Backpapier belegen.

6 Stellen Sie das Blech für weitere 20 Minuten zum Ruhen beiseite. Heizen Sie den Backofen auf 220 °C Ober-/Unterhitze vor.

7 In der Zwischenzeit pellen Sie den Knoblauch und hacken die Petersilie in feine Stücke.

8 Schmelzen Sie die Butter in einem Topf und pressen Sie die Knoblauchzehen hinein. Verrühren Sie die Knoblauchbutter mit der gehackten Petersilie.

9 Bestreichen Sie die Teiglinge mit der Knoblauchbutter. Backen Sie die Brötchen für 10 Minuten im Backofen.

10 Reduzieren Sie anschließend die Temperatur auf 180 °C. Backen Sie die Brötchen für weitere 15 Minuten.

Tipp: Diese Brötchen werden warm serviert.

HERZHAFTE CROISSANTS

6 Port.

2 Std.

Leicht

Zutaten

375 g Mehl + etwas Mehl für die Arbeitsfläche
½ Hefewürfel
50 g Zucker
2 EL Zucker
75 ml Milch
75 g Butter
4 Eigelb
2 EL Wasser
6–12 Scheiben Schinken (z. B. Presunto)
6–12 Scheiben Schafsmilchkäse (z. B. Queijo de Azeitão)
1 Prise Salz

Nährwerte p. P.

590 kcal
58 g Kohlenhydrate
29 g Fett
24 g Eiweiß

1 Erwärmen Sie die Milch, bis sie lauwarm ist. Geben Sie 375 g Mehl in eine Schüssel und drücken Sie ein Loch in die Mitte. Bröckeln Sie die Hefe in das Loch.

2 Fügen Sie 2 Esslöffel Zucker und die lauwarme Milch hinzu. Nehmen Sie etwas Mehl vom Rand in die Mitte und mischen Sie die Hefe, den Zucker und die Milch damit durch. Stellen Sie die Schüssel zugedeckt für 15 bis 20 Minuten an einen warmen Ort.

3 Nach der Ruhezeit verteilen Sie 50 g Zucker, eine Prise Salz, drei Eigelb und die Butter in Flöckchen auf dem Mehlrand. Kneten Sie mit einem Mixer mit Knethaken alle Zutaten zu einem homogenen Teig.

4 Stellen Sie den Teig zugedeckt für etwa 40 Minuten an einen warmen Ort. In der Zwischenzeit bereiten Sie ein Backblech mit Backpapier vor. Nach der Ruhezeit kneten Sie den Teig noch einmal kurz durch.

5 Rollen Sie den Teig auf einer bemehlten Arbeitsfläche zu einem Rechteck aus. Formen Sie daraus 6 "Tortenstücke".

6 Rollen Sie die "Tortenstücke" von der kurzen Seite zur Spitze locker auf. Platzieren Sie die gerollten Teigstücke auf dem Backblech. Stellen Sie das Blech abgedeckt für 30 Minuten an einen warmen Ort.

7 Währenddessen heizen Sie den Backofen auf 200 °C Ober-/Unterhitze oder 175 °C Umluft vor.

8 Verrühren Sie 2 Esslöffel Wasser mit dem übrig gebliebenen Eigelb. Bestreichen Sie die Teiglinge mit dem Eigelb-Wasser-Gemisch.

9 Backen Sie die Croissants für etwa 15 Minuten. Nach dem Backen können Sie die Croissants warm aufschneiden oder sie erst abkühlen lassen.

10 Belegen Sie die aufgeschnittenen Croissants mit dem Schinken und dem Käse.

PORTUGIESISCHE KÜRBISMARMELADE (VEGAN)

5 Port.

1,5 Std.

Leicht

Zutaten

650 g brauner Zucker
1200 g Kürbis (Hokkaido)
2 TL Zitronenschale (unbehandelte Zitrone)
200 ml Orangensaft
1 TL Zimt
100 g gehackte Mandeln
Vanillepaste
5 Gläser à 250 ml zum Einmachen

Nährwerte p. P.

826 kcal
168 g Kohlenhydrate
12 g Fett
9 g Eiweiß

1 Schneiden Sie den Kürbis einmal zur Hälfte durch. Entfernen Sie die Kerne und die Fäden. Schälen Sie die Kürbishälften. Schneiden Sie das Fruchtfleisch in etwa 2 Zentimeter große Stücke.

2 Geben Sie die Kürbiswürfel mit dem Orangensaft und dem Zucker in einen großen Topf. Kochen Sie die Zutaten einmal auf. Garen Sie den Kürbis bei mittlerer Temperatur für etwa eine Stunde.

3 Währenddessen rösten Sie in einer Pfanne die Mandeln. Geben Sie kein Fett dazu. Stellen Sie die Mandeln zum Abkühlen beiseite.

4 Nach der Garzeit geben Sie den Zimt, die geriebene Zitronenschale und etwas Vanillepaste zum Kürbis. Nehmen Sie den Topf von der Kochstelle.

5 Pürieren Sie mit einem Pürierstab alle Zutaten zu einem feinen Brei. Geben Sie die Mandeln dazu und kochen Sie alles unter Rühren einmal kurz auf.

6 Anschließend füllen Sie die Marmelade sofort bis zum Rand in die Gläser. Schrauben Sie die Deckel auf die Gläser und stellen Sie diese für etwa 5 Minuten auf den Kopf.

7 Nun können Sie die Gläser zum Abkühlen auf einen Küchenrost stellen.

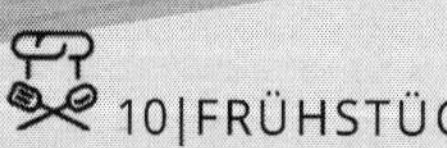

Salate

PORTUGIESISCHER KARTOFFELSALAT

4 Port.

30 Min.

Leicht

Zutaten

250 ml Gemüsebrühe
1 TL Oregano
6 EL Öl
1 TL Essig
1 Knoblauchzehe
500 g Zucchini
1 EL Petersilie
1 TL Senf, scharf
500 g Kartoffeln (als Pellkartoffeln)
Je 1 Prise Salz und Pfeffer

Nährwerte p. P.

271 kcal
25 g Kohlenhydrate
16 g Fett
5 g Eiweiß

1 Waschen Sie die Kartoffeln und kochen Sie sie als Pellkartoffeln gar. Pellen Sie die Kartoffeln und schneiden Sie sie in Würfel. Sie sollten noch warm sein.

2 Waschen Sie die Zucchini und schneiden Sie sie in Würfel. Kochen Sie die Zucchini in der Gemüsebrühe kurz auf. Köcheln Sie sie anschließend bei kleiner Hitze für etwa 5 Minuten bissfest.

3 Geben Sie die Zucchini zu den Kartoffeln und mischen Sie beide Zutaten durch.

4 Pellen Sie die Knoblauchzehe. Verrühren Sie den Senf mit dem Essig, den Kräutern, dem Öl sowie dem Salz und dem Pfeffer und pressen Sie die Knoblauchzehe hinein.

5 Mischen Sie die Marinade in die warmen Kartoffeln und Zucchini.

Tipp: Dieser Salat wird warm serviert.

PORTUGIESISCHER BAUERNSALAT

 4 Port.  20 Min.  Leicht

Zutaten

100 g Kasseler Aufschnitt
Je 1 Paprika, grün, rot und gelb
10 Oliven, schwarz ohne Stein
3 EL Kräuteressig
5 EL Olivenöl
200 g halbfester Schafschnittkäse (z. B. Queijo Serra da Estrela DOP)
2 Zwiebeln
1 Zweig Thymian
Je 1 Prise Salz, Pfeffer und Paprikapulver, edelsüß
Frische Kräuter zum Garnieren

Nährwerte p. P.

389 kcal
9 g Kohlenhydrate
32 g Fett
15 g Eiweiß

1 Waschen Sie die Paprika und entfernen Sie den Stielansatz und die Kerne. Schneiden Sie die Paprika in Streifen. Pellen Sie die Zwiebeln und schneiden Sie sie in Ringe.

2 Geben Sie die Oliven zum Abtropfen in ein Küchensieb. Schneiden Sie die Oliven in Ringe.

3 Spülen Sie den Thymian ab und entfernen Sie die Blätter vom Stiel. Schneiden Sie den Kasseler in dünne Streifen. Schneiden Sie den Käse in Würfcl.

4 Vermischen Sie in einer Rührschüssel die Paprika, die Oliven, die Zwiebeln, den Käse, den Kasseler und den Thymian.

5 Vermischen Sie in einer weiteren Rührschüssel den Essig mit dem Salz, dem Pfeffer und dem Paprikapulver. Geben Sie das Olivenöl dazu und verrühren Sie alle Zutaten miteinander.

6 Vermischen Sie die Marinade mit dem Salat. Garnieren Sie den Salat nach Belieben mit frischen Kräutern.

Tipp: In Portugal ist es üblich, die Paprikaschoten zu schälen. Der Geschmack wird intensiviert und das Gemüse ist bekömmlicher.

PORTUGIESISCHER BOHNENSALAT

4 Port.

1 Std. 10 Min.

Leicht

Zutaten

2 Zwiebeln
1 Dose Thunfisch, im eigenen Saft
1 Bund Petersilie
560 g gekochte weiße Bohnen (Konserve)
Rotweinessig
Olivenöl
Je 1 Prise Salz und Pfeffer

Nährwerte p. P.

263 kcal
40 g Kohlenhydrate
2 g Fett
21 g Eiweiß

1 Pellen Sie die Zwiebeln und schneiden Sie sie in feine Würfel. Spülen Sie die Petersilie ab und hacken Sie sie in feine Stücke. Füllen Sie die Bohnen in ein Küchensieb und spülen Sie sie gut ab.

2 Geben Sie den Thunfisch zum Abtropfen in ein Küchensieb. Vermengen Sie den Thunfisch mit den Bohnen, den Zwiebeln und der Petersilie.

3 Schmecken Sie den Salat mit dem Salz, dem Pfeffer, dem Olivenöl und dem Rotweinessig ab.

4 Stellen Sie den Salat für mindestens 2 Stunden zum Ziehen in den Kühlschrank.

5 Zum Servieren holen Sie ihn rechtzeitig heraus, denn er sollte nicht ganz kalt verzehrt werden.

6 Schmecken Sie nach Bedarf den Salat noch einmal mit den Gewürzen ab.

Tipp: Servieren Sie den Bohnensalat mit einem portugiesischen Brot.

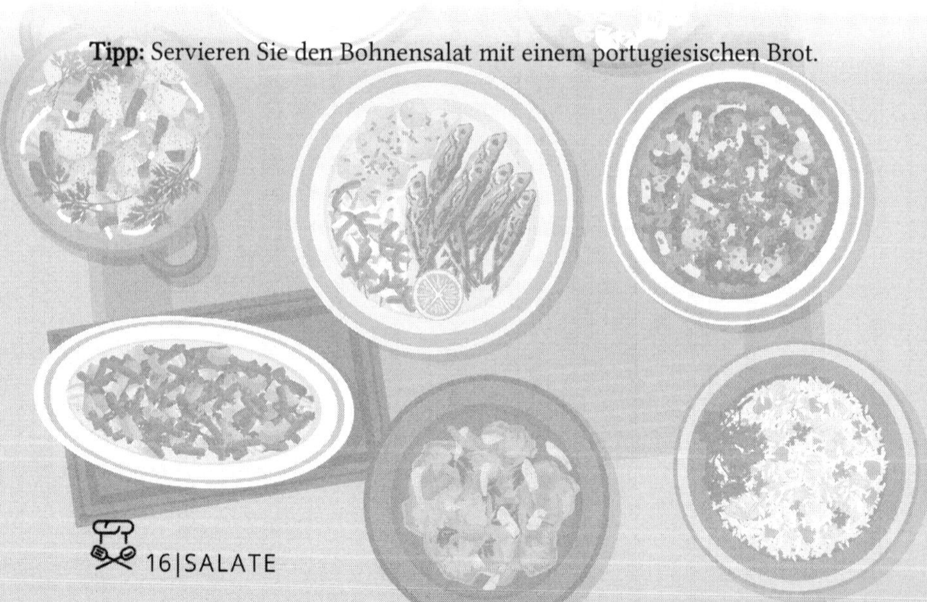

MEIA DESFEITA

KICHERERBSEN-FISCH-SALAT

 4 Port.

 45 Min.

 Leicht

Zutaten

1–2 Dosen Kichererbsen, à 400 g
1 EL Essig
2 Eier
3 EL Olivenöl
3 Knoblauchzehen
2 Scheiben Kabeljau (frisch oder als Stockfisch)
1 Bund Petersilie
1 Zwiebel
Je 1 Prise Salz, Pfeffer und Paprikapulver

Nährwerte p. P.

324 kcal
17 g Kohlenhydrate
17 g Fett
23 g Eiweiß

1 Pellen Sie die Zwiebel und den Knoblauch. Schneiden Sie die Zwiebel in Scheiben und den Knoblauch in feine Stücke. Spülen Sie die Petersilie ab und hacken Sie sie in feine Stücke.

2 Kochen Sie die Eier hart und pellen Sie sie anschließend ab. Schneiden Sie sie in kleine Stücke.

3 Kabeljau als Stockfisch wässern Sie vor der Verarbeitung über mehrere Stunden. Wechseln Sie dabei hin und wieder das Wasser.

4 Den Stockfisch kochen Sie zur weiteren Verarbeitung, frische Ware überbrühen Sie kurz mit heißem Wasser. Entfernen Sie die Haut und die Gräten. Zerdrücken Sie den Fisch mit einer Gabel.

5 Schichten Sie die Zwiebelscheiben, den Fisch und die Kichererbsen in eine ofenfeste Form. Sie sollte etwa halbvoll gefüllt sein und die obere Schicht sollte aus Zwiebeln bestehen.

6 Mischen Sie das Olivenöl, den Essig, den Knoblauch, das Paprikapulver, das Salz und den Pfeffer zu einer Soße zusammen. Geben Sie die Soße in die Schüssel.

7 Heizen Sie den Backofen auf 180 °C bis 200 °C Umluft vor. Garen Sie das Gericht, bis die Zwiebeln gar sind.

8 Zum Servieren geben Sie die gewürfelten Eier und die Petersilie auf die Speise.

PORTUGIESISCHER MÖHRENSALAT

4 Port.

25 Min.

Leicht

Zutaten

1 Bund Koriandergrün
4 Knoblauchzehen
10 große Möhren
1 Prise Salz
Öl

Nährwerte p. P.

150 kcal
20 g Kohlenhydrate
7 g Fett
3 g Eiweiß

1 Schälen und waschen Sie die Möhren. Garen Sie die Möhren in einem Topf mit einer Prise Salz und etwas Öl bissfest. Gießen Sie die Möhren ab und stellen Sie sie zum Abkühlen beiseite.

2 Pellen Sie die Knoblauchzehen ab und zerhacken Sie sie in kleine Stücke. Spülen Sie den Koriander ab und zerpflücken Sie ihn. Schneiden Sie die Möhren in dickere Scheiben.

3 Vermischen Sie in einer Schüssel die Möhren mit dem Knoblauch und den Korianderblättern.

PORTUGIESISCHER MEERESFRÜCHTESALAT

2 Port.

30 Min.

Leicht

Zutaten

Je ½ Paprika, grün und rot
½ Bund Petersilie
300 g Meeresfrüchte (Muscheln, Garnelen, Tintenfisch)
2 EL Rotweinessig
1 Zwiebel
3 EL Olivenöl
Je 1 Prise Salz und Pfeffer

Nährwerte p. P.

376 kcal
9 g Kohlenhydrate
25 g Fett
27 g Eiweiß

1 Kochen Sie eine ausreichende Menge Salzwasser auf und geben Sie die Meeresfrüchte hinein. Blanchieren Sie sie für etwa 10 Minuten.

2 In der Zwischenzeit pellen Sie die Zwiebel und schneiden sie in feine Würfel. Spülen Sie die Petersilie ab und hacken Sie sie in feine Stücke.

3 Säubern Sie die Paprika und entfernen Sie die Kerne. Schneiden Sie die Paprika in Würfel.

4 Nach der Kochzeit gießen Sie die Meeresfrüchte ab. Stellen Sie sie zum Abkühlen beiseite.

5 Anschließend geben Sie das Gemüse und die Meeresfrüchte in eine Schüssel und vermischen alle Zutaten miteinander.

6 Fügen Sie das Olivenöl und den Essig dazu. Würzen Sie den Salat mit Pfeffer und Salz. Zum Servieren streuen Sie die Petersilie über den Salat.

Suppen

CALDO VERDE

KOHLSUPPE

4 Port.

20 Min.

Leicht

Zutaten

600 g Kartoffeln
2 Zwiebeln
Je 1 Prise Salz und Pfeffer
200 g geräucherte Paprikawurst (Chouriço de carne)
1 Knoblauchzehe
4 EL Olivenöl
400 g Couve galega (portugiesischer Stockkohl), alternativ Grünkohl oder Spinat

Nährwerte p. P.

362 kcal
22 g Kohlenhydrate
23 g Fett
15 g Eiweiß

1 Pellen Sie die Zwiebeln und den Knoblauch. Schneiden Sie beides in feine Stücke. Schälen Sie die Kartoffeln und schneiden Sie sie in dünne Scheiben. Waschen Sie den Kohl und schneiden Sie ihn in fadendünne Streifen.

2 Kochen Sie die Wurst etwa 10 bis 15 Minuten und schneiden Sie sie anschließend in Scheiben.

3 Erhitzen Sie 2 EL Olivenöl in einem ausreichend großen Topf und dünsten Sie die Zwiebeln und den Knoblauch mit einer Prise Salz glasig an. Geben Sie die Kartoffelscheiben dazu und braten Sie diese kurz an.

4 Füllen Sie Wasser in den Topf, bis die Kartoffeln bedeckt sind, und kochen Sie diese gar. Nehmen Sie den Topf von der Kochstelle und nehmen Sie die Kartoffeln heraus. Pürieren Sie sie und geben Sie den Kartoffelbrei wieder in das Kochwasser.

5 Geben Sie den Kohl dazu und kochen Sie die Suppe, bis der Kohl gar ist. Würzen Sie mit Salz und Pfeffer.

6 Geben Sie nun 2 EL Olivenöl und die Wurstscheiben dazu. Köcheln Sie die Suppe für 2 bis 3 Minuten.

Tipp: Reichen Sie ein frisches Brot zur Suppe. Maisbrot ist sehr geeignet für diese Speise.

SOPA DE LEGUMES À CAMPONESA

BAUERNGEMÜSESUPPE

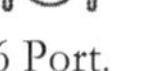

6 Port. 1 Std. Leicht

Zutaten

500 g grüne Bohnen
100 g Butter
2 Zwiebeln
2 Tomaten
500 g Kartoffeln
6 Möhren
1 Lorbeerblatt
2 Knoblauchzehen
1 EL Olivenöl
1 TL Oregano
Je 1 Prise Salz und Pfeffer

Nährwerte p. P.

275 kcal
23 g Kohlenhydrate
17 g Fett
5 g Eiweiß

1 Schälen Sie die Kartoffeln und schneiden Sie sie in Scheiben. Pellen Sie die Zwiebeln und schneiden Sie sie in Viertel.

2 Säubern Sie die Möhren und schneiden Sie sie in kleine Würfel. Säubern Sie die Bohnen und schneiden Sie die Enden ab.

3 Überbrühen Sie die Tomaten mit heißem Wasser und entfernen Sie die Haut. Schneiden Sie die Tomaten in Würfel. Pellen Sie den Knoblauch und schneiden Sie ihn in Scheiben.

4 Erhitzen Sie die Butter in einem ausreichend großen Topf. Schwitzen Sie darin den Knoblauch, die Zwiebeln und das Lorbeerblatt an. Geben Sie die Kartoffeln und die Tomaten dazu.

5 Füllen Sie die Zutaten mit Wasser auf, bis sie bedeckt sind, und würzen Sie alles mit etwas Salz.

6 Kochen Sie die Zutaten kräftig ein. Nehmen Sie das Lorbeerblatt heraus.

7 Pürieren Sie mit einem Pürierstab alle Zutaten zu einem Brei. Sollte dieser zu dick werden, geben Sie etwas Wasser hinzu.

8 Fügen Sie anschließend die Bohnen, die Möhren und die restlichen Gewürze dazu.

9 Schmecken Sie die Suppe abermals mit Salz ab. Kochen Sie die Suppe, bis die Bohnen und die Möhren gar sind. Rühren Sie zwischendurch immer wieder um.

10 Zum Servieren rühren Sie das Olivenöl unter die Suppe.

SOPA DE FEIJÃO VERDE

GRÜNE BOHNENSUPPE

6 Port.

30 Min.

Leicht

Zutaten

200 g grüne Bohnen
1 Möhre
2 EL Olivenöl
600 g Kartoffeln
1 Prise Salz

Nährwerte p. P.

95 kcal
15 g Kohlenhydrate
2 g Fett
2 g Eiweiß

1 Säubern Sie die Bohnen und schneiden Sie die Enden ab. Schneiden Sie die Bohnen in ca. 2 cm lange Stücke.

2 Schälen Sie die Kartoffeln und schneiden Sie sie in Würfel. Schälen Sie die Möhre und schneiden Sie sie ebenfalls in Würfel.

3 Kochen Sie die Bohnen in gesalzenem Wasser, bis sie gar sind. Gießen Sie sie ab und stellen Sie sie vorerst beiseite.

4 Kochen Sie die Kartoffeln und die Möhre in Salzwasser, bis sie gar sind. Anschließend pürieren Sie die Kartoffeln und die Möhre im Kochwasser.

5 Geben Sie das Olivenöl über das Püree und würzen Sie es mit Salz. Fügen Sie nun die Bohnen dazu und kochen Sie die Suppe einmal kurz auf.

Tipp: Sie können dem Kochwasser der Kartoffeln fettige Fleischstücke und/oder Knochen beifügen. Holen Sie diese aber vor dem Pürieren wieder heraus.
Bedenken Sie aber, dass die Suppe dann nicht mehr vegetarisch ist.

CANJA

PORTUGIESISCHE REISSUPPE

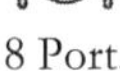
8 Port.

1 Std. 50 Min.

Mittel

Zutaten

100 g Lauch
180 g Reis
2 Prisen Salz
1 EL Meersalz
1 Suppenhuhn (etwa 1200 g)
80 g Stangensellerie
2 EL Minze
3 EL Sonnenblumenöl
200 ml Weißwein
1 Zitrone
1 Lorbeerblatt
2 Tomaten
2 Zwiebeln
1 Prise Pfeffer, schwarz
2 EL Petersilie
125 ml + 450 ml Wasser

Nährwerte p. P.

645 kcal
19 g Kohlenhydrate
44 g Fett
40 g Eiweiß

1 Zerlegen Sie das Suppenhuhn in grobe Stücke und würzen Sie es mit Salz. Dünsten Sie die Fleischteile in 2 Esslöffeln Sonnenblumenöl an und stellen Sie sie anschließend beiseite.

2 Pellen Sie die Zwiebeln ab und waschen Sie die Sellerie und den Lauch. Schneiden Sie alles in ansehnliche Stücke.

3 Dünsten Sie das Gemüse in einer separaten Pfanne mit 1 Esslöffel Sonnenblumenöl an und löschen Sie es dann mit dem Weißwein ab. Würzen Sie mit 1 Esslöffel Meersalz, dem Lorbeerblatt und einer Prise Pfeffer.

4 Füllen Sie 125 ml Wasser hinzu und kochen Sie das Gemüse einmal auf. Anschließend geben Sie die Hähnchenteile in die Pfanne und garen das Gericht für etwa 40 Minuten bei schwacher Hitze.

5 In der Zwischenzeit übergießen Sie die Tomaten mit heißem Wasser und entfernen die Schale. Schneiden Sie das Fruchtfleisch in kleine Würfel.

6 Wässern Sie erst den Reis und geben Sie ihn dann in das kochende Wasser (450 ml). Fügen Sie eine Prise Salz dazu.

7 Garen Sie den Reis bei niedriger Hitze zugedeckt für etwa 10 Minuten. Das Wasser muss vom Reis vollständig aufgenommen werden.

8 Nehmen Sie die Hähnchenteile aus dem Sud und geben Sie den Reis hinein. Kochen Sie die Suppe noch einmal kurz auf.

9 Hobeln Sie die Schale der Zitrone ab und geben Sie sie samt des auspressten Zitronensaftes in die Suppe.

10 Spülen Sie die Minze und die Petersilie ab, hacken Sie sie in feine Stücke und geben Sie sie zur Suppe.

11 Richten Sie die Suppe auf einem tiefen Teller an und geben Sie ein Stück Hähnchen und etwas Tomatenwürfel darauf.

SÜßKARTOFFEL-SUPPE

4 Port.

40 Min.

Leicht

Zutaten

400 g Kartoffeln
650 g Süßkartoffeln
350 g Blattspinat
250 g Chouriço-Wurst
1 l Hühnerbrühe
1 Knoblauchzehe
1 EL Olivenöl
1 Zwiebel
Je 1 Prise Salz und Pfeffer

Nährwerte p. P.

540 kcal
55 g Kohlenhydrate
26 g Fett
20 g Eiweiß

1 Ziehen Sie die Pelle von der Wurst ab. Schneiden Sie die Wurst in Scheiben.

2 Pellen Sie die Zwiebel und den Knoblauch und schneiden Sie beides in kleine Würfel.

3 Schälen Sie beide Kartoffelsorten und spülen Sie sie kurz ab. Schneiden Sie die Kartoffeln in nicht zu große Würfel.

4 Erhitzen Sie in einem ausreichend großen Topf das Olivenöl. Braten Sie die Wurstscheiben darin kurz an und nehmen Sie sie wieder heraus.

5 Geben Sie die Zwiebel und den Knoblauch in das Bratfett und braten Sie beides glasig an. Geben Sie die Kartoffeln dazu.

6 Löschen Sie die Zutaten mit der Brühe ab. Köcheln Sie die Suppe mit aufgelegtem Deckel für etwa 20 Minuten bei mittlerer Hitze.

7 Waschen Sie den Spinat und hacken Sie ihn in grobe Stücke. Geben Sie den Spinat und die Wurst etwa 5 Minuten vor Ende der Kochzeit in die Suppe.

8 Schmecken Sie die Suppe mit Salz und Pfeffer ab.

SOPA ALENTEJANA

KNOBLAUCH-KORIANDER-SUPPE

4 Port.

50 Min.

Leicht

Zutaten

Für die Brühe:
2 EL Olivenöl
6 Korianderzweige
1 l Hühner- oder Gemüsebrühe
8 Knoblauchzehen

Für die Einlage:
1 EL Olivenöl
Je 1 EL Zitronensaft und Zitronenschale
1 EL Essig
4 Korianderzweige
4 Eier
4 Scheiben beliebiges Brot
6 Knoblauchzehen
1 TL Pfeffer, weiß
Je 1 Prise Salz und Pfeffer
1 Handvoll Korianderblätter zum Garnieren

Nährwerte p. P.

348 kcal
35 g Kohlenhydrate
18 g Fett
11 g Eiweiß

1 Pellen Sie 8 Knoblauchzehen und hacken Sie sie in feine Stücke. Spülen Sie den Koriander ab und hacken Sie ihn in kleine Stücke.

2 Erhitzen Sie das Olivenöl in einem ausreichend großen Topf. Schwitzen Sie den Knoblauch und den Koriander kurz an.

3 Löschen Sie mit der Brühe ab. Kochen Sie die Flüssigkeit einmal kurz auf. Bei mittlerer Hitze kochen Sie die Brühe mit aufgelegtem Deckel für ca. 30 Minuten.

4 In der Zwischenzeit pellen Sie die übrigen Knoblauchzehen. Geben Sie den Knoblauch mit den übrigen Korianderzweigen, dem Zitronenabrieb sowie dem Zitronensaft in einen Mixer. Pürieren Sie alle Zutaten zu einer Paste.

5 Fügen Sie nach und nach den Essig und das Olivenöl dazu und mixen Sie alle Zutaten zu einer cremigen Masse. Würzen Sie die Creme mit weißem Pfeffer.

6 Braten Sie in einer Pfanne die Eier zu Spiegeleiern und würzen Sie sie mit Salz und Pfeffer. Toasten Sie die vier Brotscheiben.

7 Geben Sie jeweils eine gleich große Menge der Knoblauch-Koriander-Creme auf vier Suppenteller.

8 Platzieren Sie auf der Creme jeweils eine Scheibe getoastetes Brot. Legen Sie auf das Brot jeweils ein Spiegelei.

9 Verteilen Sie nun die heiße Brühe auf den Tellern. Zum Servieren garnieren Sie die Suppe mit den Korianderblättern.

PORTUGIESISCHE TAGESSUPPE (VEGETARISCH)

3 Port.

30 Min.

Leicht

Zutaten

1 l Wasser
250 g Kartoffeln
2 EL Olivenöl
500 g Wirsingkohl oder Weißkohl
Je 1 Prise Salz und Pfeffer

Nährwerte p. P.

222 kcal
24 g Kohlenhydrate
10 g Fett
5 g Eiweiß

1 Schälen Sie die Kartoffeln und kochen Sie sie in einem Liter Salzwasser gar. Anschließend drücken Sie die Kartoffeln durch ein Sieb und geben sie wieder ins Kochwasser. Würzen Sie die Suppe mit Salz und Pfeffer.

2 Entfernen Sie die äußeren Blätter vom Kohl. Entfernen Sie den Strunk und schneiden Sie den Kohl in feine Streifen.

3 Geben Sie den Kohl und das Olivenöl zur Kartoffelbrühe. Kochen Sie alle Zutaten ohne Deckel für etwa 10 Minuten.

4 Würzen Sie gegebenenfalls noch einmal mit Salz und Pfeffer nach.

ARJAMOLHO

KALTE GEMÜSESUPPE (VEGETARISCH)

 4 Port.

 1,5 Std.

 Leicht

Zutaten

200 g Brot (vom Vortag)
4 EL Wasser
300 g reife Tomaten
2 EL Olivenöl
1 Paprika, grün
2 Knoblauchzehen
2 EL Essig
1 Prise Salz
etwas Oregano und Petersilie, frisch

Nährwerte p. P.

220 kcal
29 g Kohlenhydrate
9 g Fett
5 g Eiweiß

1 Überbrühen Sie die Tomaten mit heißem Wasser. Ziehen Sie die Haut ab und schneiden Sie die Tomaten in Würfel.

2 Pellen Sie den Knoblauch und hacken Sie ihn in feine Stücke. Säubern Sie die Paprika und schneiden Sie sie in kleine Würfel.

3 Entfernen Sie die Rinde vom Brot. Schneiden Sie das Brot in Würfel. Spülen Sie die Kräuter ab und hacken Sie nur die Petersilie in feine Stücke.

4 Geben Sie den gehackten Knoblauch in eine Schüssel. Fügen Sie das Olivenöl, den Essig, den frischen Oregano und das Wasser dazu. Stellen Sie die Zutaten für 30 Minuten zum Ziehen beiseite.

5 Anschließend geben Sie die Paprika- und Tomatenwürfel dazu. Vermischen Sie alle Zutaten gut miteinander und würzen Sie die Masse mit Salz. Stellen Sie die Suppe abermals für 30 Minuten zum Ziehen beiseite.

6 Zum Servieren schmecken Sie die Suppe noch einmal mit Salz ab und streuen frisch gehackte Petersilie darüber.

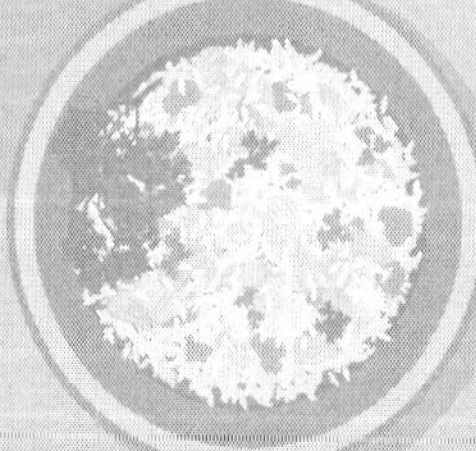

FISCHSUPPE

4 Port.

1 Std.

Leicht

Zutaten

150 g Tomaten
4 Scheiben Brot
500 g Aal
300 g Fisch, gemischte Sorten
100 g Zwiebeln
3 Lorbeerblätter
etwas Olivenöl
etwas Petersilie
2 Knoblauchzehen
Je 1 Prise Salz, Pfeffer und Chili nach Bedarf

Nährwerte p. P.

432 kcal
23 g Kohlenhydrate
19 g Fett
41 g Eiweiß

1 Säubern Sie den Fisch und schneiden Sie ihn in Stücke. Legen Sie ihn für einige Zeit in kaltes Wasser.

2 Übergießen Sie die Tomaten mit heißem Wasser und entfernen Sie die Haut. Schneiden Sie die Tomaten in Würfel.

3 Pellen Sie die Zwiebeln und den Knoblauch. Hacken Sie beides in kleine Stücke. Spülen Sie die Petersilie ab und hacken Sie einen Teil davon in kleine Stücke.

4 Erhitzen Sie das Olivenöl in einem ausreichend großen Topf. Geben Sie die Zwiebeln, den Knoblauch, die Lorbeerblätter und 2 bis 3 Stängel Petersilie hinein.

5 Anschließend fügen Sie die Tomaten dazu und schmoren alle Zutaten mit aufgelegtem Deckel für ein paar Minuten.

6 Anschließend geben Sie den Fisch in den Topf und füllen gegebenenfalls mit etwas Wasser auf.

7 Kochen Sie die Suppe, bis der Fisch gar ist. Nach der Kochzeit nehmen Sie die Lorbeerblätter und die Petersilienstängel aus dem Topf.

8 Schmecken Sie die Speise mit Salz und Pfeffer ab. Nach eigenem Geschmack können Sie eine Prise Chilipulver unterrühren.

9 Frittieren Sie die Brotwürfel in Olivenöl. Zum Servieren geben Sie die gehackte Petersilie auf die Suppe und reichen die Brotwürfel dazu.

Brote

BROA

MAISBROT

15 Port.

3,5 Std.

Leicht

Zutaten

3 EL lauwarmes Wasser
1 TL Zucker
20 g Hefe, frisch
Mehl zum Bestreuen

Brotteig:
175 g kochendes Wasser (bitte abwiegen)
100 g Maismehl
225 g Mehl (Type 405)
Mehl für die Arbeitsfläche
1 TL Salz
1 EL Olivenöl

Nährwerte p. P.

86 kcal
15 g Kohlenhydrate
2 g Fett
2 g Eiweiß

1 Wiegen Sie zunächst alle Zutaten ab und stellen Sie sie bereit. Füllen Sie 100 g Maismehl in eine Schüssel. Wiegen Sie davon 25 g ab und geben Sie diese in eine weitere Schüssel für später.

2 Füllen Sie 225 g Weizenmehl in eine Schüssel. Wiegen Sie davon 100 g ab und geben Sie diese in eine kleine Schüssel.

3 Geben Sie die zerbröckelte Hefe in eine Rührschüssel und fügen Sie das lauwarme Wasser mit dem Zucker hinzu. Rühren Sie eine glatte Masse daraus.

4 Fügen Sie anschließend eine Prise Mehl hinzu und stellen Sie die Schüssel zugedeckt für 10 bis 15 Minuten an einen warmen Ort. Wiegen Sie 175 g Wasser ab und kochen Sie es auf.

5 Nehmen Sie die Schüssel mit der größeren Menge Maismehl und fügen Sie einen Teelöffel Salz und einen Esslöffel Olivenöl dazu. Gießen Sie das kochende Wasser dazu und verrühren Sie alles sofort zu einer homogenen Masse. Lassen Sie es abkühlen, bis es nur noch lauwarm ist.

6 Anschließend fügen Sie 125 g Weizenmehl dazu und geben Sie die aufgegangene Hefemischung darauf. Mischen Sie alle Zutaten zusammen.

7 Nehmen Sie den Teig aus der Schüssel und wälzen Sie ihn in etwas Weizenmehl. Kneten Sie ihn einmal kurz durch und formen Sie einen runden Ballen daraus.

8 Bestreuen Sie eine große Schüssel mit etwas Mehl und legen Sie den Teigballen hinein.

9 Decken Sie die Schüssel erst mit einer Frischhaltefolie und anschließend mit einem Küchentuch ab. Stellen Sie den Teig an einen warmen Ort, bis er in etwa die doppelte Größe erreicht hat.

10 Anschließend fügen Sie dem aufgegangenen Teig das restliche Weizenmehl und das restliche Maismehl hinzu. Kneten Sie einen festen Brotteig daraus. Dies können Sie entweder mit den Händen, mit einer Küchenmaschine oder mit einem Mixer mit Knethaken machen.

11 Zum Schluss kneten Sie den Teig noch einmal auf einer bemehlten Arbeitsfläche gründlich durch. Formen Sie einen runden Laib daraus und legen Sie ihn auf ein Backblech, welches Sie zuvor mit Backpapier belegt haben.

12 Legen Sie ein Stück Folie darüber und stellen Sie das Blech an einen warmen Ort. Der Teig sollte auf die doppelte Größe "anwachsen".

13 Heizen Sie den Backofen auf 190 °C Ober-/Unterhitze vor. Stellen Sie zeitgleich eine ofenfeste, mit Wasser gefüllte Schüssel in den Boden des Backofens.

14 Bestreichen Sie den Brotlaib mit lauwarmem Wasser und streuen Sie etwas Mehl darüber.

15 Schneiden Sie mit einer Schere die Oberfläche des Brotes ein. Es werden kleine "Zacken" entstehen.

16 Backen Sie das Brot auf der mittleren Schiene für etwa 45 bis 50 Minuten. Nach der Backzeit kühlen Sie das Brot auf einem Küchengitter ab.

PÃO COM CHOURIÇO

CHOURIÇO-BRÖTCHEN

15 Port.

4 Std.

Leicht

Zutaten

300 g Chouriço-Wurst
2 Pck. Trockenhefe
1 TL Salz
300 ml Wasser
500 g Mehl (Type 405)

Nährwerte p. P.

281 kcal
36 g Kohlenhydrate
10 g Fett
12 g Eiweiß

1 Erwärmen Sie in einem Topf das Wasser mit dem Salz, bis letzteres sich vollständig aufgelöst hat.

2 Geben Sie das Mehl in eine Rührschüssel und bilden Sie in der Mitte eine Mulde. Füllen Sie die Hefe in die Mulde.

3 Geben Sie etwas von dem lauwarmen Salzwasser über die Hefe und mischen Sie ein wenig Mehl vom Rand dazu. Kneten Sie so lange, bis sich die Hefe aufgelöst hat.

4 Anschließend fügen Sie das restliche Wasser hinzu. Kneten Sie mit den Händen oder einem Mixer alles zu einem festen Teig.

5 Bedecken Sie die Schüssel mit einem feuchten Tuch und stellen Sie sie für 2 Stunden an einen warmen Ort. Der Teig sollte auf die doppelte Größe aufgehen.

6 Schneiden Sie in der Zwischenzeit die Wurst in dünne Scheiben. Nach der Ruhezeit kneten Sie den Teig noch einmal gut durch.

7 Teilen Sie den Teig in 10 gleich große Teiglinge auf. Formen Sie aus den Teiglingen rechteckige Stücke.

8 Legen Sie einige Scheiben der Chouriço-Wurst auf die geformten Teiglinge. Rollen Sie die Teiglinge auf und schlagen Sie die Enden um.

9 Belegen Sie ein Blech mit Backpapier und platzieren Sie die Teiglinge darauf. Bestäuben Sie die Teiglinge mit Mehl und schneiden Sie sie ein paar Male ein.

10 Legen Sie abermals ein feuchtes Tuch über das Blech und stellen Sie es für eine Stunde an einen warmen Ort.

11 Heizen Sie den Backofen auf 200 °C Ober-/Unterhitze vor. Stellen Sie eine ofenfeste Schale mit Wasser in den Backofen und backen Sie die Brötchen für etwa 30 Minuten.

PÃO DE DEUS

PORTUGIESISCHE MILCHBRÖTCHEN

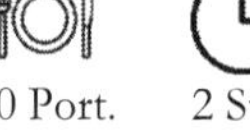

10 Port. 2 Std. 40 Min. Leicht

Zutaten

Teig:
100 g Butter
130 g Zucker
100 ml Wasser, warm
600 g Mehl (Type 550)
½ Zitrone, unbehandelt
25 g Hefe, frisch
75 ml Milch, warm
2 Eier
1 Prise Salz

Zum Bestreichen/Bestreuen:
2 Eier
100 g Zucker
1 Eigelb
100 g Kokosraspel
1 TL Mehl
1 TL Vanillezucker
etwas Wasser

Nährwerte p. P.

479 kcal
68 g Kohlenhydrate
18 g Fett
9 g Eiweiß

1 Um den Teig herzustellen, geben Sie das Mehl, die abgeriebene Schale der Zitrone, den Zucker, die Hefe, die Eier, die Butter und das Salz in eine große Rührschüssel.

2 Fügen Sie die warme Milch und das warme Wasser hinzu und verkneten Sie alle Zutaten zu einem geschmeidigen Teig.

3 Decken Sie die Schüssel ab und stellen Sie sie an einen warmen Ort, damit der Teig aufgehen kann. In der Zwischenzeit belegen Sie ein Blech mit Backpapier.

4 Nach der Ruhezeit teilen Sie den Teig in etwa 10 gleich große Teiglinge. Formen Sie aus den Teiglingen Kugeln und platzieren Sie diese auf dem Backblech.

5 Decken Sie das Blech mit einem Tuch ab und stellen Sie es für 45 Minuten an einen warmen Ort.

6 Währenddessen vermischen Sie in einer weiteren Schüssel die Kokosraspel, das Mehl, Zucker und Vanillezucker sowie die Eier. Das Eigelb verrühren Sie mit einem Esslöffel Wasser.

7 Bestreichen Sie die Teiglinge mit dem Eigelb-Wasser-Gemisch und schneiden Sie sie im Kreuz ein.

8 Verteilen Sie anschließend die Kokosmasse auf den Teiglingen und drücken Sie sie ein wenig an.

9 Heizen Sie den Backofen auf 200 °C Ober-/Unterhitze vor. Backen Sie die Brötchen für etwa 20 Minuten.

PORTUGIESISCHES BAUERNBROT

6 Port.

1,5 Std.

Leicht

Zutaten

250 ml Wasser
1 Prise Salz
2 TL Hefe, trocken
500 g Weizenvollkornmehl
etwas Olivenöl

Nährwerte p. P.

273 kcal
50 g Kohlenhydrate
2 g Fett
9 g Eiweiß

1 Vermischen Sie in einer großen Rührschüssel das Mehl mit der Hefe und dem Salz. Formen Sie in der Mitte eine Mulde.

2 Füllen Sie nach und nach das Wasser in die Mulde und rühren Sie dabei ständig um.

3 Geben Sie gegebenenfalls noch etwas Wasser dazu. Kneten Sie die Zutaten zu einem festen Teig.

4 Formen Sie anschließend eine Kugel und kneten Sie den Teig auf einer bemehlten Arbeitsfläche für etwa 15 Minuten gut durch. Formen Sie nach dem Kneten wieder eine Kugel aus dem Teig.

5 Ölen Sie eine Schale mit dem Olivenöl ein. Drehen Sie die Teigkugel im Öl hin und her. Stellen Sie die Schüssel abgedeckt an einen warmen Ort. Der Teig sollte die doppelte Größe erreichen.

6 Nach der Ruhezeit kneten Sie den Teig abermals auf einer bemehlten Arbeitsfläche sorgfältig durch.

7 Ölen Sie ein Backblech ein und legen Sie den zu einer Kugel geformten Teig darauf.

8 Stellen Sie das Blech zum Ruhen beiseite. Der Teig sollte wiederum die doppelte Masse annehmen.

9 Heizen Sie den Backofen auf 200 °C Ober-/Unterhitze vor. Backen Sie den Teig für etwa 15 Minuten.

10 Reduzieren Sie anschließend die Temperatur auf 180 °C und backen Sie das Brot für weitere 15 bis 20 Minuten.

11 Das Brot ist fertig, wenn es leicht gebräunt ist und beim Klopfen hohl klingt. Legen Sie den Brotlaib zum Abkühlen auf ein Küchenrost.

BOLO DO CACO

SÜẞKARTOFFELBROT

6 Port.

1,5 Std.

Leicht

Zutaten

250 ml Wasser
1 Prise Salz
2 TL Hefe, trocken
500 g Weizenvollkornmehl
etwas Olivenöl

Nährwerte p. P.

527 kcal
109 g Kohlenhydrate
2 g Fett
15 g Eiweiß

1 Vermischen Sie in einer großen Rührschüssel das Mehl mit der Hefe und dem Salz. Formen Sie in der Mitte eine Mulde.

2 Füllen Sie nach und nach das Wasser in die Mulde und rühren Sie dabei ständig um.

3 Geben Sie gegebenenfalls noch etwas Wasser dazu. Kneten Sie die Zutaten zu einem festen Teig.

4 Formen Sie anschließend eine Kugel und kneten Sie den Teig auf einer bemehlten Arbeitsfläche für etwa 15 Minuten gut durch. Formen Sie nach dem Kneten wieder eine Kugel aus dem Teig.

5 Ölen Sie eine Schale mit dem Olivenöl ein. Drehen Sie die Teigkugel im Öl hin und her.

6 Stellen Sie die Schüssel abgedeckt an einen warmen Ort. Der Teig sollte die doppelte Größe erreichen.

7 Nach der Ruhezeit kneten Sie den Teig abermals auf einer bemehlten Arbeitsfläche sorgfältig durch.

8 Ölen Sie ein Backblech ein und legen Sie den zu einer Kugel geformten Teig darauf.

9 Stellen Sie das Blech zum Ruhen beiseite. Der Teig sollte wiederum die doppelte Masse annehmen.

10 Heizen Sie den Backofen auf 200 °C Ober-/Unterhitze vor. Backen Sie den Teig für etwa 15 Minuten.

11 Reduzieren Sie anschließend die Temperatur auf 180 °C und backen Sie das Brot für weitere 15 bis 20 Minuten.

12 Das Brot ist fertig, wenn es leicht gebräunt ist und beim Klopfen hohl klingt. Legen Sie den Brotlaib zum Abkühlen auf ein Küchenrost.

Vorspeisen

GEFÜLLTE AVOCADOS

4 Port.

35 Min.

Leicht

Zutaten

Dressing:
3 EL Mayonnaise
2 TL Tomatenketchup
1 EL Orangensaft
1 EL Crème fraîche
1 TL Dijon-Senf
1 TL Honig
1 EL Worcestershiresoße
1 Knoblauchzehe
Je 1 Prise Salz und Pfeffer, schwarz

Füllung:
4 Avocados
1 EL Olivenöl
250 g Strauchtomaten
180 g Thunfisch, Filetstück
1 EL Koriander
2 Schalotten
1 EL Petersilie
40 g Pinienkerne
2 Eier
Saft von 1 Limette
Je 1 Prise Salz und Pfeffer, schwarz und grob

Nährwerte p. P.

610 kcal
25 g Kohlenhydrate
53 g Fett
20 g Eiweiß

1 Übergießen Sie die Tomaten mit kochendem Wasser. Schrecken Sie sie mit kaltem Wasser ab und entfernen Sie die Haut und den Stielansatz. Schneiden Sie das Fruchtfleisch in kleine Würfel.

2 Pellen Sie die Schalotten und schneiden Sie sie in kleine Würfel.

3 Kochen Sie die Eier, bis sie hart sind. Nach dem Abkühlen entfernen Sie die Schale und schneiden sie in kleine Würfel.

4 Schneiden Sie die Avocados zur Hälfte durch und nehmen Sie den Kern heraus.

5 Waschen Sie die Limette und raspeln Sie etwas Schale ab. Pressen Sie die Limette aus und träufeln Sie den Saft auf die Avocados.

6 Erhitzen Sie etwas Öl in einer Pfanne und braten Sie den Thunfisch für ein paar Minuten von beiden Seiten an. Würzen Sie ihn mit Pfeffer, Salz und dem Limettenabrieb.

7 Spülen Sie die Petersilie und den Koriander ab und hacken Sie die Kräuter anschließend in feine Stücke.

8 Vermischen Sie in einer Schüssel die Zwiebel- und Tomatenwürfel. Geben Sie die Eier und den kleingeschnittenen Thunfisch dazu. Rühren Sie nun das Olivenöl und die Kräuter dazu. Füllen Sie die Thunfischmischung auf die Avocados.

9 In einer Pfanne ohne Fett rösten Sie die Pinienkerne an, bis sie eine goldbraune Farbe angenommen haben.

10 Pellen Sie die Knoblauchzehe und pressen Sie sie in eine kleine Schale. Mischen Sie nun alle flüssigen Zutaten für das Dressing zusammen und geben Sie anschließend den Knoblauch dazu. Schmecken Sie die Masse mit Salz und Pfeffer ab.

11 Zum Servieren richten Sie die Avocados auf einem Teller an, würzen mit Salz und Pfeffer und geben zum Schluss das Dressing und die Pinienkerne darüber.

GAMBAS PICANTES

GEBRATENE GARNELEN

4 Port.

20 Min.

Leicht

Zutaten

500 g Riesengarnelen, roh, mit Schale
4 Knoblauchzehen
6 EL Olivenöl
2 Chilischoten, getrocknet
etwas Meersalz

Nährwerte p. P.

228 kcal
4 g Kohlenhydrate
17 g Fett
25 g Eiweiß

1 Pellen Sie die Knoblauchzehen und pressen Sie sie in eine kleine Schale. Entkernen Sie, wenn nötig, die Chilischoten und zerbröseln Sie sie.

2 Erhitzen Sie das Olivenöl in einer Pfanne. Geben Sie den Knoblauch und die Chilischoten hinein und garen Sie die Zutaten für etwa 2 Minuten. Fügen Sie anschließend die Garnelen mit etwas Meersalz hinzu.

3 Braten Sie die Garnelen bei hoher Hitze für etwa 2 Minuten und wenden Sie sie dabei ständig.

4 Servieren Sie die Garnelen auf einem vorgewärmten Teller und reichen Sie ein portugiesisches Brot dazu.

PEIXINHOS DA HORTA (VEGETARISCH)

4 Port.

25 Min.

Leicht

Zutaten

100 ml Wasser
150 g Mehl (Type 405)
400 g Bohnen, grün
1 Prise Salz
1 Prise Pfeffer
etwas Sonnenblumenöl

Nährwerte p. P.

203 kcal
30 g Kohlenhydrate
4 g Fett
8 g Eiweiß

1 Waschen Sie die Bohnen und entfernen Sie die Stiele. Kochen Sie die Bohnen in Salzwasser etwa 5 Minuten. Geben Sie die Bohnen zum Abkühlen in ein Küchensieb.

2 Schütten Sie das Mehl in eine Schüssel und fügen Sie die Eier und das Wasser hinzu.

3 Rühren Sie die Zutaten zu einer glatten Masse zusammen. Würzen Sie den Brei mit Pfeffer und Salz. Schneiden Sie die abgekühlten Bohnen in Streifen.

4 Erhitzen Sie ausreichend Öl in einem tiefen Topf oder einer tiefen Pfanne. Ziehen Sie die Bohnen durch den Teig und frittieren Sie sie anschließend, bis sie eine goldbraune Farbe angenommen haben.

5 Entfetten Sie die frittierten Böhnchen auf einem Stück Küchenpapier.

GAZPACHO

KALTE SUPPE (VEGETARISCH)

4 Port.

1 Std.

Leicht

Zutaten

800 ml kaltes Wasser
300 g Tomaten, sehr reif
250 g Weißbrot (gerne vom Vortag)
1 TL Oregano, getrocknet
¼ Bund Petersilie
1 Paprika, grün
2 Knoblauchzehen
3 EL Olivenöl
1 TL Meersalz
1 EL Weißweinessig
800 ml kaltes Wasser

Nährwerte p. P.

290 kcal
36 g Kohlenhydrate
13 g Fett
6 g Eiweiß

1 Pellen Sie die Knoblauchzehen und hacken Sie sie in feine Stücke. Geben Sie den Knoblauch mit dem Meersalz und dem Oregano in eine Schüssel. Zerdrücken Sie alle Zutaten mit einem Löffel.

2 Fügen Sie das Olivenöl und den Essig dazu. Rühren Sie alle Zutaten zusammen. Stellen Sie die Schüssel zum Ziehen für 30 Minuten beiseite.

3 Kochen Sie etwas Wasser auf und überbrühen Sie damit die Tomaten. Entfernen Sie anschließend die Haut, die Kerne und die Stielansätze. Schneiden Sie die Tomaten in kleine Würfel.

4 Säubern Sie die Paprika und entfernen Sie die Kerne. Schneiden Sie die Paprika in kleine Würfel.

5 Nach der Ruhezeit geben Sie die Tomaten in die Knoblauchmischung.

6 Zerdrücken Sie mit einer Gabel die Tomatenstücke und mischen Sie alle Zutaten gut durch.

7 Fügen Sie anschließend die Paprikawürfel hinzu und mischen Sie sie unter die Masse.

8 Geben Sie nun 800 ml sehr kaltes Wasser darauf und rühren Sie alles einmal um.

9 Stellen Sie die Schüssel für 20 Minuten in den Kühlschrank. Währenddessen spülen Sie die Petersilie ab und hacken sie in feine Stücke. Zerteilen Sie das Weißbrot in mundgerechte Stücke.

10 Würzen Sie die "Suppe" nach der Ruhezeit mit dem Meersalz und mischen Sie die Petersilie darunter.

11 Zum Servieren geben Sie etwas Brot auf einen Suppenteller und gießen die Gemüsemischung darüber.

AMÊIJOAS À BULHÃO PATO

VENUSMUSCHELN

4 Port.

1 Std.

Leicht

Zutaten

2 Knoblauchzehen
1 Bund Koriander
1 kg Venusmuscheln
1 Zitrone
etwas Olivenöl
Je 1 Prise Salz und Pfeffer

Nährwerte p. P.

201 kcal
8 g Kohlenhydrate
6 g Fett
28 g Eiweiß

1 Pellen Sie die Knoblauchzehen und hacken Sie sie in kleine Stücke. Spülen Sie den Koriander ab und hacken Sie ihn in feine Stücke.

2 Legen Sie die Venusmuscheln in Salzwasser, um sie einzuweichen. Anschließend waschen Sie die Muscheln mehrmals gründlich.

3 Erhitzen Sie in einer Pfanne etwas Olivenöl und dünsten Sie den Knoblauch darin an. Geben Sie die Venusmuscheln und den Koriander hinzu.

4 Würzen Sie die Muscheln mit Salz und Pfeffer. Köcheln Sie die Muscheln, bis sich alle geöffnet haben. Rühren Sie zwischendurch immer wieder um.

5 Zwischendurch pressen Sie den Saft aus einer halben Zitrone aus. Geben Sie den Saft zu den Muscheln. Sie sind fertig, wenn sie sich geöffnet haben.

6 Zum Servieren schneiden Sie den Rest der Zitrone in Viertel und reichen diese zu den Muscheln.

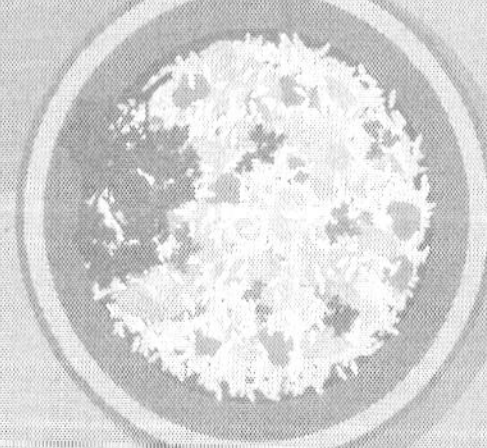

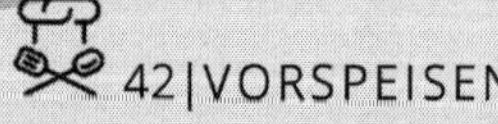

Hauptgerichte mit Fleisch & Geflügel

COSTELETAS DE PORCO

KOTELETTS VOM SCHWEIN

4 Port.

45 Min.

Leicht

Zutaten

150 ml Fleischbrühe
150 ml Weißwein
4 Koteletts vom Schwein
15 g Ingwer, frisch
2 EL Butter
200 g Paprika, grün
1 Knoblauchzehe
100 g Zwiebeln
1 EL Koriander, frisch
2 EL Olivenöl
1 TL Paprikapulver, edelsüß
Je 1 Prise Salz und Pfeffer
Minze und Korianderblätter zum Garnieren

Nährwerte p. P.

361 kcal
6 g Kohlenhydrate
23 g Fett
26 g Eiweiß

1 Pellen Sie die Zwiebeln und den Knoblauch. Schneiden Sie beides in feine Würfel.

2 Säubern Sie die Paprika und schneiden Sie sie in Würfel. Säubern Sie den Ingwer und hacken Sie ihn in feine Stücke.

3 Erhitzen Sie etwas Olivenöl in einer Pfanne und geben Sie alle Zutaten, die Paprika vorerst ausgenommen, hinein.

4 Dünsten Sie alles glasig an und fügen Sie dann die Paprikawürfel hinzu. Würzen Sie die Zutaten mit Paprikapulver.

5 Löschen Sie alles mit der Fleischbrühe und dem Wein ab. Köcheln Sie die Soße bei niedriger Hitze für etwa 10 Minuten.

6 In der Zwischenzeit spülen Sie den Koriander ab und geben ihn nach der Kochzeit in die Pfanne.

7 Würzen Sie die Zutaten mit Salz und Pfeffer. Würzen Sie die Koteletts ebenfalls mit Salz und Pfeffer.

8 Erhitzen Sie in einer weiteren Pfanne die Butter und braten Sie darin die Fleischstücke an.

9 Braten Sie die Koteletts bei niedriger Temperatur ca. 4 Minuten von jeder Seite.

10 Zum Servieren richten Sie die Koteletts auf einem Teller an und geben die Soße darüber. Als Garnitur dienen Minze und Korianderblätter.

COSTELETAS DE BORREGO

PORTUGIESISCHE LAMMKOTELETTS

 4 Port.

 50 Min.

  Leicht

Zutaten

200 g Chouriço
5 Knoblauchzehen
12 Stck. Lammkoteletts
100 g Zwiebeln
20 g Petersilie
500 g Tomaten
Je 1 Prise Salz und Pfeffer
6 EL Olivenöl

Nährwerte p. P.

524 kcal
6 g Kohlenhydrate
41 g Fett
34 g Eiweiß

1 Kochen Sie etwas Wasser auf und geben Sie die Tomaten kurz hinein. Schrecken Sie sie mit kaltem Wasser ab und entfernen Sie die Haut. Schneiden Sie das Fruchtfleisch in Würfel.

2 Pellen Sie die Zwiebeln und den Knoblauch. Schneiden Sie beides in kleine Stücke.

3 Erhitzen Sie 2 Esslöffel Olivenöl in einer Pfanne. Geben Sie die Zwiebeln und den Knoblauch hinein und dünsten Sie beides glasig an. Fügen Sie die Tomaten hinzu.

4 Würzen Sie die Zutaten mit Salz und Pfeffer und köcheln Sie sie für etwa 10 Minuten.

5 Heizen Sie den Backofen auf 180 °C Umluft vor. Erhitzen Sie 4 Esslöffel Olivenöl in einer weiteren Pfanne. Braten Sie die mit Salz und Pfeffer gewürzten Koteletts von beiden Seiten an.

6 Anschließend legen Sie die Koteletts in eine Auflaufform. Verteilen Sie auf jedem einzelnen Kotelett die Tomatenmasse. Garen Sie die Zutaten auf der mittleren Schiene für etwa 20 Minuten.

7 In der Zwischenzeit schneiden Sie die Wurst in Scheiben. Spülen Sie die Petersilie ab und hacken Sie sie in feine Stücke.

8 Nach der Garzeit schalten Sie die Grillfunktion Ihres Backofens an. Verteilen Sie die Wurstscheiben auf den Koteletts.

9 Schieben Sie die Auflaufform auf die obere Schiene und überbacken Sie die Zutaten für wenige Minuten. Zum Servieren streuen Sie die Petersilie darüber.

COZIDO À PORTUGUESA

PORTUGIESISCHER FLEISCHEINTOPF

6 Port.

3 Std.

Leicht

Zutaten

800 g Rindfleisch
1 Hähnchen
200 g Kichererbsen
300 g Brokkoli
2 Zwiebeln
1 Schinkenknochen
2 Knoblauchzehen
400 g Kartoffeln
200 g Knoblauchwurst
125 g Möhren
½ Weißkohl
½ Bund Petersilie
1 TL Salz
1 Prise Pfeffer

Nährwerte p. P.

759 kcal
23 g Kohlenhydrate
30 g Fett
94 g Eiweiß

1 Weichen Sie die Kichererbsen über Nacht ein. Alternativ können Sie auch Kichererbsen aus der Konserve verwenden. Pellen Sie die Zwiebeln und den Knoblauch. Die Zwiebeln vierteln Sie, den Knoblauch belassen Sie in seiner Größe.

2 Geben Sie nun das Rindfleisch, den Knochen, die Zwiebeln sowie den Knoblauch mit einem Teelöffel Salz und einer Prise Pfeffer in einen großen Topf. Füllen Sie so viel Wasser auf, dass alle Zutaten bedeckt sind.

3 Stellen Sie die Kochstelle auf die höchste Stufe und bringen Sie die Zutaten zum Kochen. Schöpfen Sie zwischendurch den sich bildenden Schaum ab. Kochen Sie die Speise mit Deckel bei mittlerer Hitze für etwa 2 Stunden.

4 Nach dieser Kochzeit geben Sie die abgetropften Kichererbsen dazu und kochen alles für eine weitere Stunde.

5 Währenddessen geben Sie das Hähnchen in einen separaten Topf und füllen einen Liter der Fleischbrühe aus dem ersten Topf dazu. Garen Sie das Hähnchen mit aufgelegtem Deckel für eine Stunde.

6 In der Zwischenzeit schälen Sie die Möhren und die Kartoffeln und halbieren sie danach.

7 Entfernen Sie den Strunk vom Weißkohl, waschen und schneiden Sie ihn in grobe Stücke. Waschen Sie den Brokkoli und teilen Sie ihn in kleine Röschen.

8 Geben Sie nach 40 Minuten Kochzeit die Möhren, die Wurst, die Kartoffeln und den Kohl in den Topf mit dem Hähnchen.

9 Spülen Sie die Petersilie ab und legen Sie einen Teil zum Garnieren beiseite. Die restliche Petersilie hacken Sie fein.

10 Geben Sie den Brokkoli und die zerhackte Petersilie nach 50 Minuten Kochzeit in den Hähnchentopf.

11 Nach Ende der Kochzeit nehmen Sie das Hähnchen und das Rindfleisch aus dem Sud.

12 Entfernen Sie die Haut und die Knochen des Hähnchens und schneiden Sie das Fleisch und das Rindfleisch in kleine Stücke. Gießen Sie die Brühe durch ein Sieb und fangen Sie sie auf.

13 Richten Sie das Rind- und Hühnerfleisch mit dem Gemüse auf einer Platte an und fügen Sie etwas von der aufgefangenen Brühe dazu.

14 Zum Servieren garnieren Sie den Eintopf mit der zuvor beiseitegelegten Petersilie.

POLLO CON PINA

PORTUGIESISCHES HÜHNCHEN

4 Port.

1 Std.

Leicht

Zutaten

1 Dose geschälte Tomaten
1 kg frische Ananas
3 Zwiebeln
4 EL Öl
3 Knoblauchzehen
1 Zitrone, unbehandelt
1 Hühnchen
1 TL Oregano
4 EL Rum
25 g Sultaninen
Je 1 Prise Salz und Pfeffer

Nährwerte p. P.

945 kcal
41 g Kohlenhydrate
62 g Fett
51 g Eiweiß

1 Waschen Sie das Hühnchen und tupfen Sie es mit einem Küchentuch trocken. Teilen Sie es in 4 gleich große Stücke und würzen Sie es mit Salz und Pfeffer.

2 Pellen Sie die Zwiebeln und den Knoblauch. Hacken Sie beides in feine Stücke. Reiben Sie die Schale der Zitrone ab.

3 Erhitzen Sie das Öl in einem ausreichend großen Topf. Braten Sie die Geflügelteile von allen Seiten knusprig an und nehmen Sie sie anschließend heraus.

4 Geben Sie die Zwiebeln und den Knoblauch in das Bratfett und dünsten Sie beides kurz an.

5 Fügen Sie nun die Tomaten mit dem Saft sowie die Sultaninen, den Oregano und die Zitronenschale dazu.

6 Köcheln Sie die Zutaten für wenige Minuten und legen Sie dann die Hühnchenteile wieder in den Topf. Schmoren Sie die Zutaten für etwa 35 Minuten bei mittlerer Hitze.

7 In der Zwischenzeit schälen Sie die Ananas und entfernen den Strunk. Schneiden Sie die Ananas in Spalten. Köcheln Sie die Frucht mit Saft für etwa 5 Minuten.

8 Schmecken Sie die gekochte Ananas mit etwas Rum ab. Zum Schluss fügen Sie die Ananas-Rum-Mischung dem Geflügeltopf bei.

SARRABULHO

PORTUGIESISCHER EINTOPF MIT FLEISCH UND LEBER

 3 Port.

 1 Std.

 Leicht

Zutaten

300 g Filet vom Schwein
¼ l Rotwein
150 g Leber vom Schwein
125 ml Wasser
1 Gewürznelke
2 EL Sonnenblumenöl
1 TL Paprikapulver
2 Knoblauchzehen
1 Bund Petersilie
1 Zwiebel
Je 1 Prise Salz und Pfeffer

Nährwerte p. P.

385 kcal
7 g Kohlenhydrate
20 g Fett
30 g Eiweiß

1 Pellen Sie die Zwiebel und den Knoblauch und schneiden Sie beides in kleine Stücke. Schneiden Sie das Filet und die Leber in kleine Würfel.

2 Füllen Sie das Wasser und den Wein in einen ausreichend großen Topf und geben Sie die Zwiebel, den Knoblauch und die Gewürznelke dazu.

3 Kochen Sie die Zutaten mit aufgelegtem Deckel kurz auf. Geben Sie das Filet in die Flüssigkeit und lassen Sie den Eintopf für etwa 25 Minuten bei schwacher Hitze "ziehen".

4 Gießen Sie anschließend alles durch ein Sieb und fangen Sie die Flüssigkeit auf. Erhitzen Sie das Öl in einer Pfanne und geben Sie das Schweinefilet mit den Zwiebeln und der Leber dazu. Braten Sie die Zutaten kurz bei hoher Hitze an.

5 Würzen Sie das Fleisch mit Pfeffer, Salz und Paprikapulver. Fügen Sie anschließend die aufgefangene Kochflüssigkeit dazu und streuen Sie etwas frische Petersilie darüber.

Tipp: Reichen Sie zum Eintopf frisches portugiesisches Brot und/oder Reis.

BIFANA

DÜNNE SCHWEINESCHNITZEL

4 Port.

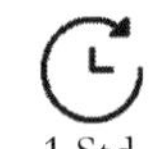
1 Std.

Leicht

Zutaten

1 kg sehr dünne Schweineschnitzel
2 Paprika
250 g Möhren
2 Lorbeerblätter
5 Tomaten
2 Zwiebeln
½ TL Salz
2 Knoblauchzehen
400 ml Weißwein
1 TL Paprikapulver
1 Prise scharfer Pfeffer
etwas Olivenöl

Nährwerte p. P.

588 kcal
14 g Kohlenhydrate
25 g Fett
58 g Eiweiß

1 Pellen Sie die Zwiebeln und den Knoblauch und schneiden Sie sie in kleine Stücke.

2 Waschen Sie die Möhren und schneiden Sie sie in grobe Würfel. Verfahren Sie ebenso mit der Paprika (Kerne entfernen) und den Tomaten.

3 Würzen Sie die Schnitzel mit Salz, Paprikapulver und Pfeffer. Erhitzen Sie etwas Olivenöl in einer Pfanne und braten Sie die Schnitzel von beiden Seiten gut an.

4 Erhitzen Sie in einer weiteren Pfanne etwas Olivenöl und dünsten Sie die Zwiebeln und den Knoblauch glasig an.

5 Geben Sie anschließend die gewürfelten Möhren, die Paprika und die Tomaten sowie die Lorbeerblätter dazu. Löschen Sie das Gemüse mit dem Weißwein ab.

6 Legen Sie nun die angebratenen Schnitzel in die Gemüsepfanne und schmoren Sie alles bei mittlerer Hitze für etwa 20 Minuten.

7 Zum Schluss würzen Sie die Schnitzel nach Bedarf noch einmal mit Salz und Pfeffer nach.

Tipp: Als Beilage können Sie Salzkartoffeln und einen Salat reichen. Zum Kochen wird in Portugal oft das Öl durch Schmalz ersetzt.

PORTUGIESISCHER ARROZ

PORTUGIESISCHER REISTOPF

4 Port.

1 Std. 20 Min.

Mittel

Zutaten

1 Hähnchenbrustfilet
100 g geräucherter Schinken
200 g Kalbsbrust
150 g Paprikasalami
3 Möhren
2 EL Zitronensaft
100 g Oliven, schwarz
2 Paprika, rot
200 g Reis
1 Bund gemischte Kräuter (Oregano, Rosmarin, Petersilie, Thymian)
2 EL Olivenöl
1 Msp. Safranfäden
Je 1 Prise Salz und Pfeffer

Nährwerte p. P.

764 kcal
51 g Kohlenhydrate
39 g Fett
49 g Eiweiß

1 Säubern Sie die Möhren und die Paprika. Entfernen Sie die Kerne. Schneiden Sie die Paprika in Würfel und die Möhren in Scheiben.

2 Zerteilen Sie das Fleisch in mundgerechte Stücke. Schneiden Sie den Schinken in Würfel. Spülen Sie die Kräuter ab.

3 Geben Sie alle Fleischsorten , den Schinken und die Paprikasalami mit den Möhren, dem Zitronensaft und der Hälfte der Kräuter in einen Topf und füllen Sie 2 Liter gesalzenes Wasser dazu. Garen Sie die Zutaten für etwa 30 Minuten.

4 Spülen Sie den Reis in einem Küchensieb. Erhitzen Sie das Olivenöl in einem Topf und dünsten Sie den Reis glasig an. Füllen Sie 200 ml gesalzenes Wasser dazu. Köcheln Sie den Reis bei schwacher Hitze für etwa 10 Minuten.

5 Heizen Sie den Backofen auf 180 °C Ober-/Unterhitze oder 160 °C Umluft vor. Hacken Sie die restlichen Kräuter in feine Stücke.

6 Füllen Sie den Reis in eine ofenfeste Auflaufform und geben Sie das gekochte Fleisch dazu. Mischen Sie den Safran und die Oliven unter die Reis-Fleisch-Mischung. Würzen Sie die Speise mit Pfeffer und Salz.

7 Decken Sie die Auflaufform mit Alufolie ab (alternativ verwenden Sie einen ofenfesten Topf mit Deckel).

8 Garen Sie die Speise für etwa 20 Minuten. Nach der Backzeit streuen Sie die restlichen Kräuter auf die Speise.

Tipp: Als Beilage können Sie Salzkartoffeln und einen Salat reichen. Zum Kochen wird in Portugal oft das Öl durch Schmalz ersetzt.

ARROZ DE PATO

REISPFANNE MIT ENTE

6 Port.

2,5 Std.

Mittel

Zutaten

200 g Rohschinken
300 g Reis (Langkorn)
200 g Chouriço
2 Zwiebeln
1 Stange Lauch
1,5 kg Entenkeulen
1 Möhre
2 EL Tomatenmark
3 Knoblauchzehen
2 EL Olivenöl
12 Pfefferkörner
15 g Petersilie
80 g Hartkäse (z. B. Queijo São Jorge)
3 Lorbeerblätter
1 Orange, unbehandelt
2 l Wasser
Je1 Prise Salz und Pfeffer

Garnitur:
1 EL Petersilie
60 g Oliven (grün, ohne Stein)
2 Orangenscheiben

Nährwerte p. P.

1040 kcal
47 g Kohlenhydrate
66 g Fett
70 g Eiweiß

1 Pellen Sie die Zwiebeln und den Knoblauch. Schneiden Sie die Zwiebeln in grobe Stücke und drücken Sie die Knoblauchzehen etwas platt.

2 Säubern Sie die Möhre und den Lauch. Schneiden Sie beides in grobe Stücke.

3 Erhitzen Sie in einem ausreichend großen Topf das Olivenöl. Braten Sie die Zwiebeln, den Knoblauch, die Möhre und den Lauch kräftig an.

4 Geben Sie das Tomatenmark dazu und füllen Sie das Wasser dazu. Bei mittlerer Hitze köcheln Sie die Zutaten für 20 Minuten.Ziehen Sie die Haut von der Chouriço-Wurst ab und schneiden Sie sie in drei Teile.

5 Waschen Sie die Entenkeulen ab und tupfen Sie sie mit einem Küchentuch trocken. Nach der Kochzeit geben Sie die Entenkeulen, die Chouriço-Wurst, den Schinken, die Pfefferkörner, die Lorbeerblätter, die Petersilie und die halbierte Orange zu dem Gemüse. Würzen Sie gegebenenfalls mit etwas Salz und Pfeffer nach.

6 Köcheln Sie alle Zutaten mit aufgelegtem Deckel für etwa 90 Minuten. Nehmen Sie nach der Kochzeit den Topf von der Kochstelle.

7 Holen Sie die Entenkeulen, den Schinken und die Chouriço-Wurst heraus und gießen den Kochsud durch ein Sieb. Fangen Sie die Flüssigkeit in einem anderen Topf auf.

8 Kochen Sie nach Packungsangabe im Sud den Reis. In der Zwischenzeit befreien Sie das Entenfleisch von den Knochen und halten es in einem Teil des Kochsudes warm. Schneiden Sie den Schinken und die Wurst in Stücke.

9 Heizen Sie den Backofen auf 190 °C Umluft vor.

10 Geben Sie die Hälfte des gekochten Reises in eine Auflaufform. Verteilen Sie das Entenfleisch darauf und geben Sie den restlichen Reis darauf.

11 Reiben Sie den Hartkäse und streuen Sie ihn über den Reis. Belegen Sie den Auflauf mit dem Schinken und der Wurst.

12 Backen Sie die Speise für etwa 20 Minuten auf der mittleren Schiene. Zum Servieren garnieren Sie das Gericht mit den Oliven, der Petersilie und den Orangenscheiben.

PORTUGIESISCHER HÜHNERTOPF

4 Port.

1 Std. 15 Min.

Leicht

Zutaten

1 Poularde
750 g Flaschentomaten
250 ml Geflügelfond
5 Knoblauchzehen
1 Pfefferschote, rot
300 g Zwiebeln
6 EL Olivenöl
500 ml Vinho verde (portugiesischer Wein)
200 g Baguette
1 Bund Petersilie
2 Lorbeerblätter
Je ½ Bund Majoran und Thymian
150 g Oliven, grün
Je 1 Prise Salz und Pfeffer

Nährwerte p. P.

879 kcal
36 g Kohlenhydrate
49 g Fett
67 g Eiweiß

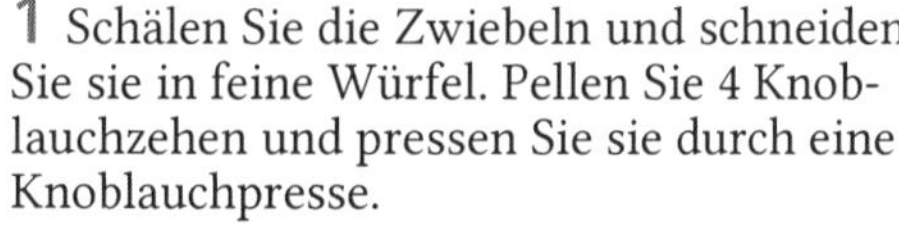

1 Schälen Sie die Zwiebeln und schneiden Sie sie in feine Würfel. Pellen Sie 4 Knoblauchzehen und pressen Sie sie durch eine Knoblauchpresse.

2 Säubern Sie die Tomaten und schneiden Sie sie in Viertel. Entfernen Sie die Kerne und die Stielansätze.

3 Nehmen Sie alle Kräuter in die Hand und teilen Sie sie in zwei gleich große Sträuße.

4 Binden Sie einen Strauß zusammen. Vom zweiten Strauß entfernen Sie die Blätter und hacken sie in feine Stücke.

5 Säubern Sie die Pfefferschote und schneiden Sie sie einmal durch. Entfernen Sie die Kerne und den Stielansatz.

6 Waschen Sie die Poularde von außen und von innen gut ab. Trocknen Sie sie mit einem Küchentuch.

7 Schneiden Sie die Flügel an der Brust ab. Schneiden Sie ebenso die Keulen ab und halbieren Sie sie zwischen der Unter- und der Oberkeule.

8 Schneiden Sie mit einer Geflügelschere die Brust der Poularde ab und zerteilen Sie sie in 4 gleich große Stücke.

9 Die Rückenseite können Sie anderweitig verwenden. Sie können zum Beispiel eine Hühnerbrühe daraus kochen. Würzen Sie das Geflügel mit Salz.

10 Erhitzen Sie 3 Esslöffel Olivenöl in einem großen Schmortopf. Braten Sie alle Geflügelteile von jeder Seite goldbraun an. Nehmen Sie das Geflügel aus dem Topf.

11 Geben Sie in das Bratfett die Zwiebeln und den gepressten Knoblauch und dünsten Sie beides glasig an.

12 Fügen Sie den Wein, den Geflügelfond und den zusammengebundenen Kräuterstrauß dazu. Kochen Sie die Zutaten einmal kurz auf.

13 Geben Sie die Geflügelteile sowie die Lorbeerblätter und die Pfefferschote dazu. Garen Sie alles bei mittlerer Hitze mit leicht geöffnetem Deckel für etwa 45 Minuten.

14 In der Zwischenzeit schneiden Sie das Baguette in 12 Scheiben. Streichen Sie jeweils eine Scheibenseite mit dem übrigen Olivenöl ein.

15 Heizen Sie den Backofen auf 200 °C Ober-/Unterhitze oder 175 °C Umluft vor. Legen Sie die Brotscheiben auf ein Blech oder einen Rost und backen Sie sie auf der 2. Schiene von unten, bis sie eine goldbraune Farbe angenommen haben.

16 Pellen Sie die übriggebliebene Knoblauchzehe und reiben Sie nach der Backzeit die Brotscheiben damit ein.

17 Nehmen Sie die Geflügelteile aus dem Kochwasser und geben Sie sie in eine ofenfeste Form. Halten Sie das Fleisch bei 100 °C warm.

18 Holen Sie den Kräuterstrauß aus dem Sud und schöpfen Sie das Fett ab. Geben Sie die Tomaten und die Oliven hinein und erwärmen Sie diese für ein paar Minuten. Würzen Sie die Soße nach Belieben mit Pfeffer und Salz.

19 Gießen Sie die Soße über das Geflügel und streuen Sie die gehackten Kräuter darüber.

20 Richten Sie jeweils 3 Brotscheiben auf einem Teller an. Zum Servieren geben Sie nun den Hühnertopf auf die Brotscheiben.

OFENHÄHNCHEN

2 Port. 1, 5 Std. Leicht

Zutaten

600 g Kartoffeln
1 l Gemüsebrühe
1 Hähnchen
2 Tassen Reis
3 Knoblauchzehen
50 ml Wasser
2 EL Öl
60 ml Olivenöl
2 TL Paprikapulver, edelsüß
1 Zwiebel
1 Prise Salz

Nährwerte p. P.

1432 kcal
159 g Kohlenhydrate
62 g Fett
57 g Eiweiß

1 Pellen Sie die Zwiebel und den Knoblauch. Schneiden Sie beides in feine Stücke.

2 Waschen und schälen Sie die Kartoffeln. Schneiden Sie die Kartoffeln in Würfel und würzen Sie sie mit Salz.

3 Teilen Sie das Hähnchen in gleich große Stücke. Würzen Sie es mit Salz.

4 Mischen Sie das Olivenöl mit dem Paprikapulver und dem Knoblauch. Reiben Sie die Geflügelteile mit der Ölmischung ein.

5 Verteilen Sie die Kartoffeln mit dem Wasser auf einem Backblech. Geben Sie 2 TL der Olivenölmischung darüber.

6 Heizen Sie den Backofen auf 200 °C Umluft vor. Schieben Sie das Blech mit den Kartoffeln auf die unterste Schiene in den Backofen.

7 Platzieren Sie die Hähnchenteile auf einem Rost und schieben Sie diesen auf der mittleren Schiene in den Backofen. Garen Sie die Speisen für etwa 50 bis 60 Minuten.

8 Währenddessen erhitzen Sie in einem Topf etwas Öl und dünsten die Zwiebel darin an.

9 Gießen Sie die Brühe dazu und kochen Sie die Flüssigkeit einmal auf. Geben Sie den Reis hinein.

10 Mit leicht geöffnetem Deckel kochen Sie den Reis so lange, bis die Flüssigkeit aufgesaugt wurde.

COZIDO
PORTUGIESISCHER EINTOPF

8 Port.

1 Std. 40 Min.

Leicht

Zutaten

800 g Bauchfleisch vom Schwein
500 g Kichererbsen (Konserve)
800 g verschiedene portugiesische Wurstsorten
400 g Waldpilze
4 Knoblauchzehen
800 g Kartoffeln
4 EL Olivenöl
2 Zwiebeln
4 Chilischoten
1 Bund Petersilie
6 Möhren
8 Chicorée-Herzen
Je 1 Prise Salz und Pfeffer

Nährwerte p. P.

831 kcal
31 g Kohlenhydrate
61 g Fett
37 g Eiweiß

1 Pellen Sie die Zwiebeln und den Knoblauch und schneiden Sie beides in grobe Würfel. Schneiden Sie das Schweinefleisch in Stücke. Schneiden Sie die Wurst in Scheiben.

2 Säubern Sie die Pilze und teilen Sie sie in Viertel. Schälen Sie die Kartoffeln und schneiden Sie sie jeweils in Hälften.

3 Schälen Sie die Möhren und schneiden Sie sie einmal längs durch. Säubern Sie die Chicorée-Herzen.

4 Erhitzen Sie etwas Olivenöl in einer großen Pfanne oder einem Topf. Braten Sie das Fleisch gut an. Fügen Sie die Zwiebeln dazu.

5 Geben Sie nun die Möhren, die Kartoffeln und den Knoblauch dazu. Füllen Sie so viel Wasser auf, bis alle Zutaten bedeckt sind. Kochen Sie die Speise einmal auf.

6 Köcheln Sie den Eintopf bei niedriger Hitze mit aufgelegtem Deckel für etwa 40 Minuten.

7 Geben Sie dann die Chicorée-Herzen und die abgetropften Kichererbsen sowie die Pilze dazu. Kochen Sie den Eintopf für weitere 10 Minuten.

8 Nach der Kochzeit fügen Sie die Wurstsorten und die Chilischoten bei. Würzen Sie mit Salz und Pfeffer.

9 Der Eintopf sollte jetzt noch etwa 5 Minuten bei schwacher Hitze ziehen. Währenddessen spülen Sie die Petersilie ab und schneiden sie in Streifen.

10 Geben Sie am Ende der Garzeit die Petersilie zum Eintopf.

Hauptgerichte mit Fisch & Meeresfrüchten

FISCHLASAGNE

4 Port.

1,5 Std.

Mittel

Zutaten

3 EL Olivenöl
300 ml Milch
2 Fischfilets (oder eine entsprechende Menge für 4 Personen)
250 g Mehl + 1 EL Mehl
1 Möhre
1 Ei
1 EL Oregano, getrocknet
1 Tomate
1 Scheibe Käse
150 g Spinat
1 Prise Salz
Salz und Pfeffer

Nährwerte p. P.

480 kcal
54 g Kohlenhydrate
11 g Fett
38 g Eiweiß

1 Mischen Sie 250 g Mehl mit einer Prise Salz. Geben Sie das Ei und das Olivenöl dazu und kneten Sie den Teig mit einem Mixer mit Knethaken.

2 Geben Sie eventuell tröpfchenweise Öl oder Wasser hinzu, bis Sie die Teigkrümel zwischen den Fingern zusammenkleben können.

3 Zu diesem Zeitpunkt kneten Sie den Teig mit den Händen weiter und formen ihn anschließend zu einer Kugel. Stellen Sie den Teig für 30 Minuten beiseite.

4 Währenddessen kochen Sie den Spinat gar. Schälen und raspeln Sie die Möhre. Waschen Sie die Tomate und schneiden Sie sie in Scheiben. Den Fisch und den Käse schneiden Sie in Würfel.

5 Mischen Sie in einem Topf einen Esslöffel Mehl mit etwas Öl zusammen. Rühren Sie die Milch dazu. Erhitzen Sie die Milchmischung unter Rühren, bis sie dick wird. Würzen Sie die Masse mit Pfeffer, Salz und dem Oregano.

6 Nach der Ruhezeit rollen Sie den Teig so dünn wie möglich aus. Fetten Sie eine Auflaufform mit etwas Öl ein.

7 Schneiden Sie den Teig in Stücke. Diese sollten die Größe der Auflaufform haben. Legen Sie ein Stück Teig in die Auflaufform und füllen Sie etwas Spinat, Möhrenraspel, Fisch und Soße hinein.

8 Legen Sie ein weiteres Stück Teig auf die Mischung und geben Sie wiederum von den anderen Zutaten obenauf.

9 Verfahren Sie weiter, bis alle Zutaten und der Teig aufgebraucht sind. Die obere Schicht bildet der Teig und ein wenig von der Soße.

10 Verteilen Sie anschließend die Käsewürfel und die Tomatenscheiben auf der Lasagne.

11 Heizen Sie den Backofen auf 200 °C Umluft vor. Garen Sie die Lasagne für ca. 25 Minuten.

BACALHAU À BRÁS TRADITIONELL

STOCKFISCH

4 Port.

30 Min.

Leicht

Zutaten

6 Eier
500 g Kartoffeln
2 Zwiebeln
1 Knoblauchzehe
400 g Bacalhau (Stockfisch, alternativ TK-Kabeljau)
3 EL Olivenöl
1 Bund Petersilie
Je 1 Prise Salz und Pfeffer
einige Oliven, schwarz

Nährwerte p. P.

165 kcal
16 g Kohlenhydrate
2 g Fett
21 g Eiweiß

1 Sie können für diese Speise gefrorenen, aber auch gesalzenen/getrockneten Kabeljau verwenden. Entscheiden Sie sich für TK-Ware, tauen Sie ihn vor der Verwendung auf. Gesalzenen Kabeljau legen Sie für mindestens 20 Stunden in Wasser ein und erneuern dieses zwischendurch.

2 Um die Haut und die Gräten besser entfernen zu können, legen Sie den Kabeljau für 10 Minuten in einen Topf mit kochendem Wasser. Anschließend stellen Sie ihn zum Abkühlen beiseite. Danach reißen Sie den Fisch in kleine Stücke.

3 Während der Zeit des Abkühlens pellen Sie die Zwiebeln und den Knoblauch und schneiden beides in Ringe bzw. kleine Stücke. Schälen Sie die Kartoffeln und schneiden Sie sie in dünne Stifte.

4 Wenn der Kabeljau einsatzbereit ist, braten Sie die Zwiebeln und den Knoblauch in einer ausreichend großen Pfanne mit Olivenöl an und geben den Fisch dazu.

5 Nach etwa 3 Minuten geben Sie die Kartoffelstifte dazu und rühren alles gut durch.

6 Braten Sie die Zutaten für etwa 10 bis 15 Minuten, bis die Kartoffeln gar sind. Zwischendurch verquirlen Sie die Eier und würzen sie mit Salz und Pfeffer.

7 Bei mittlerer Hitze geben Sie nun die Eier in die Pfanne und rühren die Zutaten immer wieder um, bis die Eier stocken und zu Rührei werden.

8 Richten Sie die Speise auf einem Teller an und garnieren Sie sie mit Petersilie und schwarzen Oliven.

CALDEIRADA DE PEIXE

EINTOPF MIT MEERESFRÜCHTEN

2 Port.

1,5 Std.

Mittel

Zutaten

200 g Kartoffeln, festkochend
200 ml Weißwein, trocken
150 g weiße Bohnen
600 ml Gemüsebrühe, alternativ Fischfond
2 Zwiebeln
3 EL Olivenöl
2 Lorbeerblätter
1 Knoblauchzehe
1 Paprika, rot
1 Zitrone, unbehandelt
2 Stiele Basilikum
150 g Rotbarschfilet
200 g Miesmuscheln
100 g Garnelen in der Schale
Je 1 Prise Salz und Pfeffer

Nährwerte p. P.

794 kcal
63 g Kohlenhydrate
26 g Fett
56 g Eiweiß

1 Weichen Sie die Bohnen über Nacht ein. Alternativ können Sie auch Bohnen aus der Konserve verwenden.

2 Schälen und waschen Sie die Kartoffeln. Schneiden Sie sie in etwa 2 Zentimeter große Stücke.

3 Pellen Sie die Zwiebeln und den Knoblauch. Würfeln Sie die Zwiebeln und hacken Sie den Knoblauch in feine Stückchen.

4 Waschen Sie die Zitrone und trocken Sie sie ab. Hobeln Sie die Hälfte der Zitronenschale ab.

5 Erhitzen Sie das Öl in einem ausreichend großen Topf und dünsten Sie darin die Zwiebeln und den Knoblauch an. Löschen Sie mit dem Weißwein ab und fügen Sie die Lorbeerblätter und die Zitronenschale dazu.

6 Nach etwa 5 Minuten gießen Sie die Brühe auf und geben die Bohnen und die Kartoffeln hinzu.

7 Köcheln Sie den Eintopf mit aufgelegtem Deckel für etwa 45 Minuten bei schwacher Hitze.

8 Währenddessen waschen Sie die Paprika ab und entfernen die Kerne. Schneiden Sie sie in ca. 2 Zentimeter große Stücke. Nach 40 Minuten Kochzeit geben Sie die Paprika in den Topf.

9 Waschen Sie die Garnelen und die Miesmuscheln. Entdecken Sie offene Muscheln, entsorgen Sie diese.

10 Spülen Sie den Fisch ab und schneiden Sie ihn in kleine Stücke. Nach der Kochzeit geben Sie den Fisch, die Muscheln und die Garnelen in den Eintopf und köcheln ihn für weitere 10 Minuten. Schmecken Sie die Speise mit Pfeffer und Salz ab.

11 Spülen Sie das Basilikum und zupfen Sie die Blätter ab. Richten Sie den Eintopf in tiefen Tellern an und garnieren Sie ihn mit den Basilikumblättern. Die Zitrone reichen Sie zum Beträufeln dazu.

SARDINHAS ASSADAS

GEGRILLTE SARDINEN

4 Port.

1 Std. 20 Min.

Leicht

Zutaten

3 EL Olivenöl
12 Stck. Sardinen (ausgenommen und ohne Schuppen)
1 Zitrone, unbehandelt
1 Bund Petersilie
4 Knoblauchzehen
4 Zweige Rosmarin
Je 1 Prise Salz, Pfeffer und Zucker

Nährwerte p. P.

123 kcal
4 g Kohlenhydrate
9 g Fett
5 g Eiweiß

1 Pellen Sie den Knoblauch und hacken Sie ihn in feine Stücke. Waschen Sie die Petersilie und hacken Sie sie ebenfalls in feine Stücke. Entfernen Sie die Nadeln des Rosmarins von den Zweigen. Spülen Sie die Sardinen ab und trocknen Sie sie mit einem Stück Küchenpapier ab.

2 Mischen Sie in einer Schüssel 2 Esslöffel Olivenöl, den Rosmarin, den Zucker, die Petersilie, das Salz, den Pfeffer und den Knoblauch zu einer Marinade zusammen.

3 Bestreichen Sie die Sardinen von außen und von innen mit der Marinade und stellen Sie sie für eine Stunde beiseite.

4 Währenddessen schneiden Sie die Zitrone in Spalten. Pinseln Sie einen Grillrost mit einem Esslöffel Olivenöl ein.

5 Heizen Sie den Grill an. Grillen Sie die Sardinen bei hoher Hitze für etwa 3 Minuten von jeder Seite.

6 Servieren Sie die gegrillten Sardinen mit den Zitronenspalten.

Tipp: Als Beilage können Sie frisches portugiesisches Brot oder Baguette mit einem Salat servieren.

POLVO À LAGAREIRO

OKTOPUS/TINTENFISCH

4 Port.

1 Std. 15 Min.

Leicht

Zutaten

500 g Kartoffeln (möglichst kleine)
200 ml Olivenöl
1 Oktopus, ca. 1500 g (Tintenfisch)
1 Zwiebel
1 Lorbeerblatt
1 Knoblauchknolle
Je 1 Prise Salz und Pfeffer
Grobes Salz

Nährwerte p. P.

948 kcal
39 g Kohlenhydrate
55 g Fett
73 g Eiweiß

1 Legen Sie den Oktopus in einen Topf und füllen Sie so viel Wasser hinein, bis er bedeckt ist.

2 Geben Sie das Salz, Pfeffer, das Lorbeerblatt sowie die ganze Zwiebel mit Schale dazu. Kochen Sie den Tintenfisch für etwa 45 Minuten.

3 Heizen Sie den Backofen auf 180 °C Umluft vor.

4 Waschen Sie die Kartoffeln und verteilen Sie sie auf einem Backblech. Die Kartoffeln werden nicht geschält. Streuen Sie grobes Salz darüber. Garen Sie die Kartoffeln im Backofen für etwa 40 Minuten.

5 Nach der Kochzeit nehmen Sie den Tintenfisch aus dem Sud und legen ihn auf ein Backblech.

6 Halbieren Sie die Knoblauchknolle und legen Sie sie zu dem Tintenfisch auf das Blech.

7 Geben Sie die gebackenen Kartoffeln dazu und beträufeln Sie alles mit dem Olivenöl.

8 Schieben Sie das Blech mit dem Oktopus in den Backofen und garen Sie alles für weitere 15 Minuten.

9 Servieren Sie alle Zutaten in einer Schüssel oder traditionell in einer sogenannten "Cataplana".

Tipp: Bei einer Cataplana handelt es sich um einen Eisen- oder Kupfertopf mit einem Deckel. Dieser wird bei bestimmten Gerichten in Portugal verwendet.

CATAPLANA ALGARVIA

MEERESFRÜCHTE-POTPOURRI

4 Port.

1 Std. 20 Min.

Mittel

Zutaten

130 g Chouriço
500 g Kartoffeln, möglichst kleine
500 g frische Venusmuscheln
80 g durchwachsener Speck, ganzes Stück
200 g junger Blattspinat
1 Dose stückige Tomaten
1 Knoblauchzehe
1 EL Tomatenmark
2 Lorbeerblätter
8 Riesengarnelen, mit Schale und Kopf, ca. 55 g/Stück
5 Stiele Thymian
1 Zwiebel
4 EL Olivenöl
1 Paprika, gelb
1 Baguette
2 TL Paprikapulver, edelsüß
½ Bund Koriandergrün
Etwas Piri-Piri, alternativ Tabasco
150 ml heller Portwein
200 ml Fischfond
100 ml Weißwein
Je 1 Prise Salz und Pfeffer

Nährwerte p. P.

827 kcal
78 g Kohlenhydrate
33 g Fett
40 g Eiweiß

1 Legen Sie die Muscheln für etwa eine Stunde in kaltem Wasser ein. Wechseln Sie es zwischendurch und sortieren Sie geöffnete oder kaputte Muscheln aus.

2 In der Zwischenzeit säubern Sie die Kartoffeln. Pellen Sie die Zwiebel und den Knoblauch. Schneiden Sie die Zwiebel in feine Würfel und den Knoblauch in dünne Scheiben.

3 Entfernen Sie die Pelle von der Wurst und schneiden Sie sie in etwa 8 mm dicke Scheiben. Schneiden Sie den Speck in ca. 1 Zentimeter große Würfel.

4 Erhitzen Sie 2 EL Öl in einer Cataplana (oder in einem Topf / einer Pfanne). Geben Sie die Zwiebel, den Speck und den Knoblauch hinein und braten Sie alles kurz an. Fügen Sie das Tomatenmark und das Paprikapulver hinzu.

5 Nach kurzem Anrösten löschen Sie alles mit dem Port- und dem Weißwein ab. Anschließend geben Sie den Fischfond, die stückigen Tomaten, die Lorbeerblätter und die Kartoffeln dazu. Würzen Sie die Speise mit Salz und Pfeffer.

6 Legen Sie den Deckel auf die Cataplana und kochen Sie alles einmal kurz auf. Bei mittlerer Hitze köcheln Sie die Zutaten für etwa 20 Minuten.

7 Spülen Sie währenddessen den Thymian ab und entfernen Sie die Blätter. Schneiden Sie die Garnelen am Rücken ein und entfernen Sie jeweils den Darm. Spülen Sie sie in einem Küchensieb ab.

8 Waschen Sie den Spinat und schleudern Sie ihn anschließend trocken. Säubern Sie die Paprika und entfernen Sie die Kerne. Schneiden Sie sie in dünne Streifen. Gießen Sie die Muscheln ab.

9 Nehmen Sie vorsichtig den Deckel der Cataplana ab und geben Sie den Spinat, den Thymian, die Paprika und die Wurst dazu.

10 Legen Sie den Deckel wieder auf und schütteln Sie das Kochgefäß sanft durch. Geben Sie anschließend die Garnelen und die Muscheln auf das Gemüse.

11 Kochen Sie alles mit aufgelegtem Deckel bei hoher Hitze für etwa 10 Minuten. Die Muscheln sollten sich während des Kochvorgangs öffnen.

12 Nehmen Sie vorsichtig den Deckel ab und träufeln Sie das restliche Olivenöl auf die Speise.

13 Entfernen Sie die Muscheln, die sich während des Kochens nicht geöffnet haben.

14 Garnieren Sie das Gericht mit den Blättern des Korianders. Zum Servieren reichen Sie Piri-Piri-Soße und Baguette.

Tipp: Bei einer Cataplana handelt es sich um einen Eisen- oder Kupfertopf mit einem Deckel. Dieser wird bei bestimmten Gerichten in Portugal verwendet.

Nach Möglichkeit wird eine portugiesische Cataplana zum Kochen verwendet. Alternativ kann auch ein ausreichend großer Topf oder eine Pfanne mit Deckel verwendet werden.

EMPADINHA DE ATUM

THUNFISCH-TORTE

6 Port.

1 Std.

Leicht

Zutaten

2 Dosen Thunfisch
500 g Tomaten
200 g Champignons
250 g Mehl (Type 405)
20 Stck. Oliven mit Paprika
190 g Butter (1 x 150 g, 2 x 20 g)
1 Zwiebel
2 EL Paniermehl
1 TL Salz
8 EL Wasser, kalt
1 Knoblauchzehe
1 Prise Basilikum, getrocknet
1 Prise Pfeffer

Nährwerte p. P.

597 kcal
41 g Kohlenhydrate
39 g Fett
20 g Eiweiß

1 Pellen Sie die Zwiebel und die Knoblauchzehe und hacken Sie beides in feine Stücke. Säubern Sie die Champignons und schneiden Sie sie in dicke Scheiben.

2 Übergießen Sie die Tomaten mit heißem Wasser und ziehen Sie anschließend die Haut ab. Schneiden Sie die Tomaten in Scheiben.

3 Geben Sie den Thunfisch zum Abtropfen in ein Küchensieb. Mischen Sie in einer Rührschüssel das Mehl mit ½ Teelöffel Salz. Geben Sie 150 g Butter und das Wasser dazu. Kneten Sie die Zutaten zu einem Teig.

4 Fetten Sie eine Spring- oder Quicheform mit Butter ein und bestreuen Sie sie mit dem Paniermehl.

5 Legen Sie den Teig hinein und drücken Sie ihn mit den Händen flach. Formen Sie einen Rand und stechen Sie den Teig mit einer Gabel mehrmals ein.

6 Heizen Sie den Backofen auf 220 °C Ober-/Unterhitze vor. Backen Sie den Teig auf der mittleren Schiene für 15 Minuten.

7 Währenddessen erhitzen Sie 20 g Butter in einer großen Pfanne. Geben Sie die Champignons hinein und braten Sie sie kurz an.

8 Fügen Sie die Zwiebel und den Knoblauch dazu und dünsten Sie alle Zutaten weiter an. Mischen Sie nun die Tomaten unter die Pilze.

9 Geben Sie den abgetropften Thunfisch dazu und rühren Sie alle Zutaten zusammen. Zum Schluss geben Sie die Oliven in die Pfanne und heben sie unter die anderen Zutaten.

10 Kochen Sie alle Zutaten für etwa 10 Minuten bei mittlerer Temperatur. Würzen Sie die Thunfischmasse mit Salz, Pfeffer und Basilikum. Geben Sie den Pfanneninhalt auf den Teig und verteilen Sie ihn gleichmäßig.

11 Streuen Sie etwas Paniermehl darüber und geben Sie Butterflocken darauf. Backen Sie die Thunfischtorte für etwa 25 Minuten bei 220 °C Ober-/Unterhitze fertig.

OFENFISCH

4 Port.

1 Std. 10 Min.

Leicht

Zutaten

4 Kabeljaufilet (TK oder frisch, je nach Größe bis zu 8 Stck.)
1 Knoblauchknolle
4 Tomaten
1 kg Kartoffeln, klein (Drillinge)
1 Gemüsezwiebel
4 Möhren
½ Tasse Olivenöl
½ Zitrone
1 Glas Oliven, grün, ohne Stein
Petersilie
Paprikapulver, rosenscharf und edelsüß
Je 1 Prise Salz und Pfeffer

Nährwerte p. P.

616 kcal
58 g Kohlenhydrate
19 g Fett
49 g Eiweiß

1 Legen Sie den Fisch zum Auftauen auf einen Teller, sofern Sie keine Frischware verwenden. Waschen und trocknen Sie die Kartoffeln.

2 Schneiden Sie die Kartoffeln einmal in der Mitte durch und legen Sie sie in eine ausreichend große Auflaufform.

3 Waschen Sie die Tomaten und schneiden Sie sie in nicht zu dünne Scheiben. Spülen Sie die Petersilie ab und hacken Sie sie in kleine Stücke.

4 Schälen Sie die Möhren und schneiden Sie sie in Scheiben. Pellen Sie die Zwiebel und den Knoblauch. Schneiden Sie den Knoblauch in Scheiben.

5 Halbieren Sie die Zwiebel und schneiden Sie sie in Ringe. Verteilen Sie die Knoblauchzehen, die Zwiebelringe und die Möhrenscheiben über den Kartoffeln.

6 Gießen Sie etwa die Hälfte des Olivenöls über die Kartoffeln. Würzen Sie reichlich mit beiden Sorten des Paprikapulvers und dem Salz. Vermischen Sie alle Zutaten miteinander.

7 Heizen Sie den Backofen auf 220 °C Ober-/Unterhitze vor. Backen Sie die Zutaten für etwa 30 Minuten. Rühren Sie zwischendurch alles einmal um.

8 Nach der Backzeit legen Sie den Fisch auf die Kartoffeln. Würzen Sie ihn mit Pfeffer und Salz. Verteilen Sie anschließend die Tomatenscheiben auf dem Kabeljau.

9 Würzen Sie abermals mit Pfeffer und Salz und streuen Sie die gehackte Petersilie darüber. Verteilen Sie den Rest des Olivenöls über den Zutaten.

10 Geben Sie die Auflaufform wieder in den Backofen und garen Sie das Gericht für etwa 20 Minuten bei der gleichen Temperatur.

11 Wenige Minuten vor Garende geben Sie die abgetropften Oliven dazu. Zum Servieren pressen Sie die Zitrone über dem Auflauf aus.

Vegetarische/vegane Hauptgerichte

ESPARGUETE COM ESPRINAFRES OU BRÓCOLO

SPAGHETTI MIT SPINAT ODER BROKKOLI

4 Port.

40 Min.

Leicht

Zutaten

2 Knoblauchzehen
½ Glas Milch
500 g Blattspinat oder Brokkoli (TK oder frisch)
1 Zwiebel
250 g Spaghetti
100 g Schlagsahne
etwas Olivenöl
nach Belieben Pinienkerne
Je 1 Prise Salz und Pfeffer

Nährwerte p. P.

527 kcal
56 g Kohlenhydrate
24 g Fett
18 g Eiweiß

1 Geben Sie den Spinat zum Auftauen in etwas Salzwasser. Bei frischer Ware blanchieren Sie ihn für 3 Minuten. Möchten Sie stattdessen Brokkoli verwenden, verfahren Sie genauso und teilen ihn anschließend in kleine Röschen. Die Kochzeiten sind gleich wie beim Spinat.

2 Garen Sie den Spinat/Brokkoli, bis er bissfest ist. Kochen Sie die Spaghetti für 5 Minuten. Anschließend verbleiben die Spaghetti im heißen Wasser, bis sie gar sind.

3 Pellen Sie die Zwiebel und den Knoblauch und schneiden Sie sie in kleine Stücke.

4 Erhitzen Sie etwas Olivenöl in einer Pfanne und geben Sie die Zwiebel und den Knoblauch hinzu. Dünsten Sie beides kurz an. Fügen Sie den Spinat/Brokkoli dazu und rühren Sie alle Zutaten gut durch.

5 Geben Sie nun die Milch hinein und würzen Sie mit Salz und Pfeffer. Kochen Sie alles einmal kurz auf.

6 Hacken Sie die Pinienkerne in grobe Stücke und geben Sie diese in die Pfanne. Fügen Sie die Sahne dazu.

7 Gießen Sie die Spaghetti in einem Küchensieb ab. Geben Sie die Spaghetti in die Pfanne und rühren Sie alle Zutaten gut durch.

8 Würzen Sie mit etwas Pfeffer und erhitzen Sie die Speise unter Rühren noch einmal.

9 Nach Wunsch können Sie zum Servieren etwas Parmesan über das Gericht streuen.

PATANISCAS

2 Port.

25 Min.

Mittel

Zutaten

70 g Möhren
70 g Lauch (nur den grünen Teil)
70 g Zucchini
1 TL Meersalz
1 EL Petersilie
4 EL Mehl
2 Eier
Olivenöl zum Braten

Nährwerte p. P.

372 kcal
26 g Kohlenhydrate
24 g Fett
9 g Eiweiß

1 Spülen Sie die Petersilie ab und hacken Sie sie in kleine Stücke. Säubern Sie die Möhren und die Zucchini.

2 Reiben Sie die Möhren und die Zucchini mit einer groben Küchenreibe. Sie können beides auch in sehr kleine Stücke hacken.

3 Waschen Sie den Lauch und hacken Sie nur den grünen Teil in kleine Stücke. Anschließend vermischen Sie in einer Schüssel das Gemüse mit dem Salz, dem Mehl und den Eiern zu einer geschmeidigen Masse.

4 Erhitzen Sie das Olivenöl in einer Pfanne. Geben Sie immer einen gehäuften Esslöffel der Masse in die Pfanne.

5 Braten Sie die erste Seite nur kurz an und wenden Sie den "Pfannkuchen" dann vorsichtig auf die andere Seite.

6 Nun braten Sie beide Seiten so lange, bis der "Pfannkuchen" eine goldbraune Farbe angenommen hat. Entfetten Sie das Omelett auf einem Stück Küchenpapier.

7 Verfahren Sie so lange weiter, bis der Teig aufgebraucht ist. Rühren Sie den Teig vor jedem neuen Omelett einmal gut durch, da sich die Zutaten absetzen.

Tipp: Zum Servieren können Sie geriebene Möhren mit etwas Olivenöl und Petersilie reichen.

MANGUSTO RIBATEJANO

GRÜNKOHL UND KARTOFFELN

4 Port.

30 Min.

Leicht

Zutaten

1 Wirsing (alternativ Grünkohl)
100 ml Olivenöl
6 Scheiben Weißbrot
Ca. 100 g Kartoffeln (etwas mehr oder weniger nach Wunsch)
3 Scheiben Mischbrot
2 Knoblauchzehen
1 Zwiebel
Je 1 Prise Salz und Pfeffer

Nährwerte p. P.

482 kcal
49 g Kohlenhydrate
26 g Fett
9 g Eiweiß

1 Bei Verwendung von Wirsingkohl entfernen Sie die äußeren Blätter, säubern den übrigen Kohl und schneiden ihn in acht gleich große Teile.

2 Wenn Sie Grünkohl verwenden, schneiden Sie den Strunk ab und säubern den Rest.

3 Schälen Sie die Kartoffeln und schneiden Sie sie in Würfel. Pellen Sie die Zwiebel und schneiden Sie sie in Scheiben. Entfernen Sie die Schale der Knoblauchzehen. Schneiden Sie alle Brotscheiben in Würfel.

4 Geben Sie den Kohl mit den Kartoffeln und den Zwiebeln in einen Topf mit Salzwasser. Kochen Sie die Zutaten, bis sie gar sind.

5 Nehmen Sie eine große Menge des Kochwassers aus dem Topf heraus und stellen Sie es beiseite. Belassen Sie nur eine geringe Menge im Topf.

6 Fügen Sie die Brotwürfel zu dem Gemüse und vermischen Sie alle Zutaten miteinander.

7 Geben Sie das Olivenöl und den Knoblauch hinein. Kochen Sie alles unter ständigem Rühren einmal auf.

8 Nehmen Sie den Topf von der Kochstelle und zerstampfen Sie die Zutaten zu einem Brei. Würzen Sie die Masse mit Salz und Pfeffer.

9 Sollte Ihnen der Brei zu hart erscheinen, geben Sie noch etwas von dem Kochwasser hinzu.

10 Bei schwacher Hitze rühren Sie anschließend den Brei, bis er am Boden des Topfes haftet.

SCHARFE GEMÜSESUPPE

4 Port. 45 Min. Leicht

Zutaten

200 g Kohlrabi
150 g Staudensellerie
100 g Erbsen, TK
2 Möhren
100 g Mais, Konserve
1 Zwiebel
200 g Kartoffeln
1 Knoblauchzehe
600 ml Gemüsebrühe
2 Piri-Piri
2 EL Tomatenmark
2 EL Pflanzenöl
1 Dose geschälte Tomaten
2 EL Essig
1 EL Petersilie
Je 1 Prise Salz, Pfeffer, Zucker und Cayenne-Pfeffer

Nährwerte p. P.

205 kcal
25 g Kohlenhydrate
7 g Fett
7 g Eiweiß

1 Säubern Sie den Sellerie und schneiden Sie ihn in schräge Stücke. Pellen Sie die Zwiebel. Schneiden Sie sie einmal zur Hälfte durch und anschließend in feine Streifen.

2 Säubern Sie die Möhren und schneiden Sie sie in kleine Stücke. Schälen Sie den Kohlrabi und schneiden Sie ihn in Würfel. Schälen Sie die Kartoffeln und schneiden Sie sie ebenfalls in Würfel.

3 Waschen Sie die Piri-Piri und hacken Sie sie in feine Stücke. Pellen Sie den Knoblauch und hacken Sie ihn in kleine Stücke.

4 Erhitzen Sie etwas Öl in einer Pfanne und dünsten Sie die Zwiebel, den Knoblauch und die Piri-Piri glasig an.

5 Geben Sie alle Gemüsesorten (außer die Erbsen und den Mais) dazu und dünsten Sie sie kurz an.

6 Anschließend fügen Sie das Tomatenmark und den Essig dazu. Nun geben Sie die Dose Tomaten in die Pfanne und zerdrücken die Früchte mit einem Löffel. Gießen Sie die Brühe dazu.

7 Würzen Sie das Gericht mit Pfeffer, Salz, Cayennepfeffer und Zucker. Kochen Sie die Suppe einmal kurz auf und köcheln Sie sie anschließend bei niedriger Temperatur für etwa 20 Minuten.

8 Nach der Kochzeit geben Sie den Mais und die Erbsen in die Suppe. Köcheln Sie die Speise für weitere 5 bis 10 Minuten. Schmecken Sie die Suppe abermals mit den Gewürzen ab.

9 Zum Servieren füllen Sie die Suppe in kleine Schälchen und garnieren sie mit der gehackten Petersilie.

ARROZ DE TOMATE

TOMATENREIS

4 Port.

30 Min.

Leicht

Zutaten

250 g Reis
2 Tomaten
1 Knoblauchzehe
1 EL Olivenöl
1 EL Petersilie
1 Zwiebel
1 Lorbeerblatt
1 Prise Salz

Nährwerte p. P.

286 kcal
50 g Kohlenhydrate
5 g Fett
10 g Eiweiß

1 Übergießen Sie die Tomaten mit heißem Wasser und entfernen Sie anschließend die Haut. Schneiden Sie die Tomaten in Würfel.

2 Pellen Sie die Zwiebel und den Knoblauch und hacken Sie sie in feine Stücke. Zerteilen Sie die Petersilie in feine Stücke.

3 Erhitzen Sie das Olivenöl in einer Pfanne und geben Sie die Zwiebel, den Knoblauch und das Lorbeerblatt hinein. Schwitzen Sie die Zutaten leicht an.

4 Fügen Sie anschließend den Reis und die Tomaten hinzu. Füllen Sie einen Liter Wasser auf und rühren Sie alles gut um.

5 Würzen Sie die Speise mit etwas Salz. Kochen Sie alle Zutaten, bis der Reis gar ist. Zum Schluss mischen Sie die Petersilie hinein.

SPINAT-TORTILLA

2 Port.

45 Min.

Leicht

Zutaten

60 ml Milch
20 g Pinienkerne
20 g Butter
160 g Spinat, TK-Ware
40 g Feta
Knoblauch nach Belieben
etwas geriebene Zitronenschale
2 Eier
16 g Rosinen
2 TL Rapsöl
Je 1 Prise Salz, Pfeffer und Muskatnuss

Nährwerte p. P.

384 kcal
15 g Kohlenhydrate
28 g Fett
16 g Eiweiß

1 Schneiden Sie den Feta in Würfel. Pellen Sie den Knoblauch und schneiden Sie ihn in feine Würfel.

2 Rösten Sie in einer Pfanne die Pinienkerne, bis sie eine goldbraune Farbe angenommen haben. Verwenden Sie für diesen Vorgang kein Fett.

3 Schmelzen Sie die Butter in einem Topf. Geben Sie die Rosinen und den Knoblauch dazu und dünsten Sie beides an. Fügen Sie den Spinat, die Zitronenschale und die Pinienkerne hinzu.

4 Würzen Sie die Zutaten mit dem Salz, dem Pfeffer und der Muskatnuss. Garen Sie alle Zutaten, bis der Spinat aufgetaut ist. Anschließend rühren Sie den Feta unter. Verquirlen Sie die Milch mit den Eiern und würzen Sie sie mit Salz und Pfeffer.

5 Heizen Sie den Backofen auf 180 °C Ober-/Unterhitze oder 160 °C Umluft vor. Erhitzen Sie das Öl in einer backofentauglichen Pfanne.

6 Geben Sie die Eimischung in die Pfanne. Bei niedriger Hitze belassen Sie die Eimasse in der Pfanne, bis sie leicht stockt.

7 Füllen Sie nun die Spinatmasse auf die Eimischung. Stellen Sie die Pfanne auf der mittleren Schiene in den Backofen.

8 Garen Sie die Speise für etwa 7 Minuten, bis das Ei vollständig gestockt ist. Zum Servieren richten Sie die fertige Tortilla auf einem entsprechend großen Teller an.

Beilagen

GRÃO DE BICO

MARINIERTE KICHERERBSEN (VEGETARISCH/VEGAN)

4 Port.

4 Std.

Leicht

Zutaten

1 Paprika, rot
1 Zitrone
1 Zwiebel
2 Knoblauchzehen
500 g getrocknete Kichererbsen
1 Bund Petersilie
1 Prise Salz
6 EL Olivenöl
1 EL Öl

Nährwerte p. P.

604 kcal
67 g Kohlenhydrate
26 g Fett
24 g Eiweiß

1 Weichen Sie die Kichererbsen für drei Stunden in Wasser ein. Anschließend kochen Sie sie für eine Stunde, bis sie weich sind. Geben Sie dem Kochwasser etwas Salz und einen Esslöffel Öl hinzu.

2 Nach der Kochzeit schrecken Sie die Kichererbsen mit kaltem Wasser ab. Geben Sie kaltes Wasser auf die Erbsen und stellen Sie sie zum Abkühlen beiseite. Danach geben Sie die Kichererbsen in ein Küchensieb.

3 Während die Kichererbsen kochen, pellen Sie die Zwiebel und den Knoblauch. Hacken Sie beides in feine Stücke.

4 Säubern Sie die Paprika und entfernen Sie die Kerne. Schneiden Sie kleine Würfel daraus. Spülen Sie die Petersilie ab und hacken Sie sie in feine Stücke.

5 Pressen Sie den Saft aus der Zitrone. Mischen Sie das Olivenöl mit dem Zitronensaft, dem Salz und der Paprika.

6 Geben Sie die Zwiebel, den Knoblauch und die Petersilie dazu und verrühren Sie alles miteinander.

7 Zum Schluss mischen Sie die abgetropften Kichererbsen unter die Marinade.

Tipp: Diese marinierten Kichererbsen werden in Portugal gerne als Beilage zu gegrilltem Stockfisch gereicht.

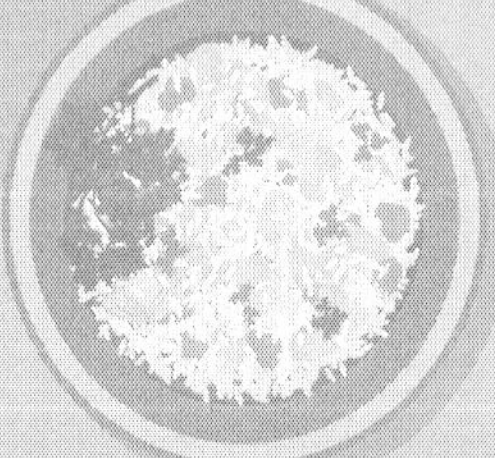

ARROZ DE FEIJÃO

PORTUGIESISCHER REIS MIT BOHNEN

4 Port.

30 Min.

Leicht

Zutaten

300 g gekochte rote Bohnen (Kidneybohnen)
300 g Reis
4 reife Tomaten
1 TL Olivenöl
1–2 Bacon-Streifen
1 Zwiebel
2 Paprika, rot
¼ Stück Knoblauchwurst (Chouriço)
2 Knoblauchzehen
300 ml Wasser
1 Schuss Essig
1 Lorbeerblatt
Je 1 Prise Salz, Peffer und Chili
Nach Wunsch: Piri-Piri-Soße

Nährwerte p. P.

526 kcal
76 g Kohlenhydrate
13 g Fett
22 g Eiweiß

1 Waschen und zerkleinern Sie die Paprika und die Tomaten. Pellen Sie die Zwiebel und den Knoblauch und hacken Sie beides in kleine Stücke.

2 Zerkleinern Sie den Bacon in kleine Stücke und schneiden Sie die Knoblauchwurst in dünne Scheiben.

3 Spülen Sie den Reis in einem Küchensieb einmal durch und weichen Sie ihn fur etwa 15 Minuten in Wasser ein.

4 Gießen Sie das Weichwasser weg und spülen Sie den Reis noch einmal mit kaltem Wasser. Stellen Sie ihn vorerst zur Seite.

5 Erhitzen Sie etwas Olivenöl in einem Topf. Geben Sie die Zwiebel und den Knoblauch mit dem Lorbeerblatt hinein und dünsten Sie alles glasig an.

6 Anschließend fügen Sie den Bacon und die Knoblauchwurst hinzu und braten die Zutaten für ein paar Minuten.

7 Nun geben Sie die Paprika- und die Tomatenwürfel dazu und dünsten sie kurz an.

8 Füllen Sie 300 ml Wasser in den Topf und geben Sie den Reis hinein. Kochen Sie die Zutaten einmal kurz auf. Bei mittlerer Hitze köcheln Sie den Reis so lange, bis er gar ist. Fügen Sie die Bohnen und einen Schuss Essig hinzu, sobald das Kochwasser langsam verdunstet.

9 Rühren Sie während dieser Zeit immer wieder um, damit nichts ansetzt, und kochen Sie den Reis weiter, bis er gar ist.

10 Würzen Sie die Speise nach Belieben mit Salz, Pfeffer und Chili. Nach Bedarf können Sie das Gericht mit Piri-Piri-Soße verfeinern.

Tipp: Sie können diese Speise auch als Hauptgericht mit einem portugiesischen Salat servieren.

Traditionell wird in Portugal „Arroz carolino“, eine spezielle Reissorte, verwendet. Sie können aber auch normalen Reis, Basmatireis oder Vollkornreis als Alternative nehmen.

Piri-Piri-Soße ist in einem gut sortierten Lebensmittelgeschäft erhältlich. Alternativ können Sie auch Chili-Soße verwenden.

ARROZ DE CUMINHO

PORTUGIESISCHER KREUZKÜMMELREIS

 4 Port.  25 Min.  Leicht

Zutaten

250 g Reis (kein Parboiled-Reis)
2 TL Kreuzkümmel, gemahlen
1 Knoblauchzehe
600 ml Wasser
2 EL Olivenöl
1 TL Meersalz

Nährwerte p. P.

118 kcal
18 g Kohlenhydrate
4 g Fett
2 g Eiweiß

1 Pellen Sie den Knoblauch und schneiden Sie ihn in kleine Stücke.

2 Erhitzen Sie in einem Topf das Olivenöl. Braten Sie darin den Knoblauch und den Kreuzkümmel an.

3 Geben Sie den Reis dazu und füllen Sie das Wasser auf. Würzen Sie es mit etwas Salz. Kochen Sie den Reis einmal auf.

4 Reduzieren Sie die Temperatur und köcheln Sie den Reis für etwa 10 Minuten, bis er weich geworden und gut aufgequollen ist.

Tipp: Parboiled-Reis nimmt kaum Geschmack aus dem Kochwasser auf, deshalb sollte dieser Reis nicht verwendet werden. Sie können zum Beispiel die Sorten Arborio, Patna oder Carolino nehmen. Auch Jasmin- oder Basmatireis lassen sich verwenden, allerdings haben diese einen Eigengeschmack.
Für dieses Rezept muss der Reis quellen und nicht, wie sonst üblich, kochen. Das Wasser wird danach nicht abgegossen.

BATATAS AO MURRO

GESCHLAGENE OFENKARTOFFELN

 4 Port.  1 Std.  Leicht

Zutaten

4–5 Knoblauchzehen
1 Prise Meersalz
1 kg Kartoffeln
3–4 EL Olivenöl
Rosmarin, frisch

Nährwerte p. P.

353 kcal
45 g Kohlenhydrate
15 g Fett
6 g Eiweiß

1 Kochen Sie die Kartoffeln mit Schale für etwa 10 Minuten. Sie sollen nicht gar, sondern nur etwas vorgekocht werden.

2 Heizen Sie den Backofen auf 200 °C Umluft vor. Pellen Sie den Knoblauch und schneiden Sie ihn in Scheiben.

3 Geben Sie die Kartoffeln auf ein Backblech. Bestreuen Sie sie mit dem Meersalz.

4 Garen Sie die Kartoffeln für etwa 30 bis 40 Minuten im Backofen. Nehmen Sie die Kartoffeln vom Blech herunter.

5 Geben Sie jeder Kartoffel einen leichten Faustschlag, um sie etwas zu zerdrücken. Es ist gewollt, dass sie "zermatscht" aussehen.

6 Erhitzen Sie das Olivenöl mit dem Knoblauch und dem Rosmarin in einer Pfanne.

7 Wenden Sie die "Geschlagenen Kartoffeln" in der Pfanne.

Tipp: Die Kartoffeln sind sehr heiß, wenn Sie sie aus dem Backofen holen. Zum „Schlagen“ können Sie sich ein Geschirrtuch oder Ähnliches um die Hand binden, damit Sie sich nicht verbrennen.

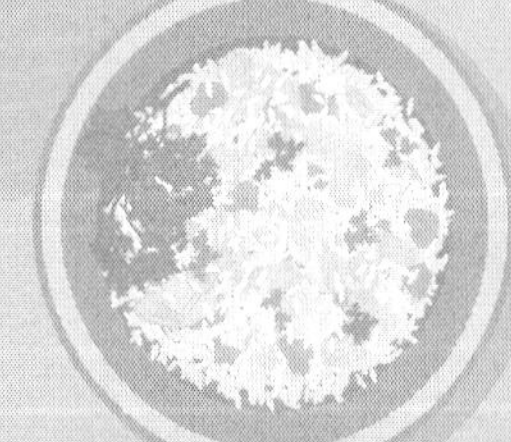

PORTUGIESISCHE BOHNEN

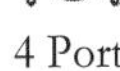

4 Port. | 1 Std. | Leicht

Zutaten

4 Tomaten
1 EL Mehl
2 Zwiebeln
1 EL Weißwein
1 EL Weißweinessig
3 EL Olivenöl
1 Bund Schnittlauch
750 g Bohnen, grün
1 TL Salz
1 Prise Pfeffer

Nährwerte p. P.

200 kcal
13 g Kohlenhydrate
12 g Fett
6 g Eiweiß

1 Säubern Sie die Bohnen und schneiden Sie die Enden ab. Schneiden Sie die Bohnen in kleine Stücke. Pellen Sie die Zwiebeln und schneiden Sie sie in dünne Ringe.

2 Überbrühen Sie die Tomaten mit heißem Wasser. Entfernen Sie die Haut und schneiden Sie die Tomaten in grobe Würfel.

3 Erhitzen Sie das Olivenöl in einer Pfanne. Geben Sie die Bohnen, die Tomaten und die Zwiebeln hinein. Braten Sie alle Zutaten für etwa 5 Minuten an.

4 Fügen Sie einen Schuss Wasser hinzu und garen Sie es für etwa 30 Minuten. Würzen Sie die Zutaten mit Salz und Pfeffer.

5 Verrühren Sie das Mehl mit dem Wein. Geben Sie den Essig und die Mehlmischung in die Pfanne und verrühren Sie alle Zutaten miteinander.

6 Erwärmen Sie alles bei mittlerer Temperatur für etwa 5 Minuten. Rühren Sie gelegentlich um.

7 Währenddessen spülen Sie den Schnittlauch ab und hacken ihn in feine Stücke. Zum Servieren streuen Sie den Schnittlauch über die Bohnen.

MILHO FRITO

FRITTIERTE MAISMEHL-WÜRFEL

4 Port.

1 Tag

Leicht

Zutaten

150 g Maismehl (keine Polenta)
700 ml Wasser
6–8 Minzblätter
1 TL Salz
2 Prisen Thymian, getrocknet
2 Knoblauchzehen
15 g Butter
Ausreichend Öl zum Frittieren

Nährwerte p. P.

169 kcal
27 g Kohlenhydrate
5 g Fett
4 g Eiweiß

1 Pellen Sie den Knoblauch und zerquetschen Sie ihn. Spülen Sie die Minzblätter ab und schneiden Sie sie in feine Stücke.

2 Geben Sie das Wasser mit dem Salz, dem Knoblauch, der Butter und der Minze in einen ausreichend großen Topf. Kochen Sie die Zutaten einmal auf.

3 Nehmen Sie den Topf von der Kochstelle und stellen Sie ihn für 5 Minuten beiseite. Unter ständigem Rühren mit einem Schneebesen fügen Sie jetzt das Maismehl hinzu.

4 Kochen Sie die Zutaten einmal auf. Reduzieren Sie anschließend die Temperatur und köcheln Sie die Zutaten unter häufigem Umrühren bei mäßiger Hitze für etwa 20 Minuten, bis das Maismehl ausgequollen ist.

5 Geben Sie 5 Minuten vor Ende der Kochzeit den Thymian dazu. Es soll ein dicker Maisbrei entstehen.

6 Spülen Sie eine Auflaufform mit kaltem Wasser aus. Füllen Sie den Maisbrei hinein und legen Sie ein Stück Frischhaltefolie darüber. Stellen Sie die Form für mehrere Stunden in den Kühlschrank. Bis zu diesem Schritt können Sie das Rezept am Vortag vorbereiten.

7 Stürzen Sie den erkalteten Maisbrei auf ein Küchenbrett. Schneiden Sie Würfel in beliebiger Größe daraus.

8 Frittieren Sie die Würfel in ausreichend Öl entweder in einer Pfanne oder in einer Fritteuse.

Fingerfood & Snacks

RISSÓIS DE CAMARÃO

SHRIMPS-TASCHEN

4 Port.

45 Min.

Leicht

Zutaten

Für den Teig:
100 ml Wasser
2 Eier
100 ml Milch
1 EL Butter
Abrieb einer Zitrone
150 g Mehl
1 Prise Salz

Für die Füllung:
250 ml Milch
½ EL Petersilie, gehackt
1 EL Mehl
2 Eigelb
1 EL Butter
1 EL Zwiebeln, gehackt
250 g Shrimps, gekocht
Saft einer Zitrone
Salz, Pfeffer, Muskatnuss

Für die Panade:
Öl zum Frittieren
Semmelbrösel/Paniermehl
2 Eier

Nährwerte p. P.

553 kcal
63 g Kohlenhydrate
21 g Fett
28 g Eiweiß

1 Kochen Sie für den Teig in einem Topf die Milch, das Wasser mit der Butter und einer Prise Salz sowie dem Abrieb der Zitrone kurz auf.

2 Geben Sie anschließend das Mehl dazu und rühren Sie die Masse dabei kräftig um.

3 Rühren Sie so lange weiter, bis sich die Masse vom Boden des Topfes löst. Gießen Sie die Masse zum Abkühlen in eine Schüssel. Anschließend kneten Sie nacheinander die Eier in die Masse.

4 Stellen Sie nun die Füllung her, indem Sie in einem Topf die Butter erhitzen und die Zwiebeln darin anschwitzen. Geben Sie einen Esslöffel Mehl dazu und verrühren Sie es. Löschen Sie die Zwiebel-Mehl-Masse mit 250 ml Milch ab.

5 Rühren Sie ständig weiter, bis die Masse dick wird. Fügen Sie anschließend die Petersilie, die Shrimps und die Eigelbe hinzu und rühren Sie alle Zutaten gut durch.

6 Schmecken Sie die Füllung mit dem Pfeffer, der Muskatnuss, dem Salz und dem Zitronensaft ab. Stellen Sie die Füllung zum Abkühlen beiseite.

7 Streuen Sie etwas Mehl auf eine Arbeitsfläche und rollen Sie den Teig etwa einen halben Zentimeter dick darauf aus.

8 Stechen Sie Kreise mit einem Durchmesser von ca. 7 cm aus. Geben Sie etwas von der Füllung auf den Teigkreis und legen Sie den Kreis zu einem Halbkreis zusammen. Mit einer Gabel drücken Sie die Ränder etwas fest.

9 Verquirlen Sie für die Panade die Eier und wälzen Sie die Teigtaschen darin. Anschließend panieren Sie die Teigtaschen mit dem Paniermehl.

10 Frittieren Sie die Teigtaschen im Öl, bis sie eine goldbraune Farbe angenommen haben.

11 Nach dem Frittieren entfetten Sie die Shrimpstaschen auf einem Stück Küchenpapier.

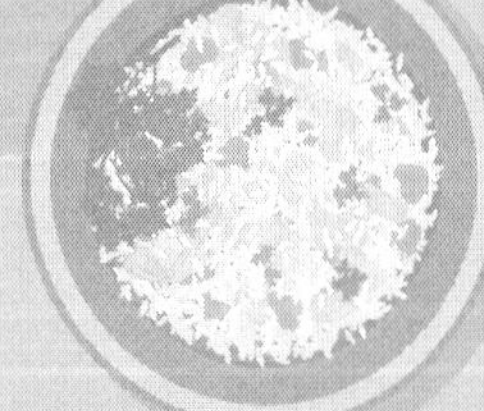

PASTÉIS DE BACALHAU

STOCKFISCH-NOCKEN

4 Port.

1 Std.

Leicht

Zutaten

350 g Bacalhau (Stockfisch, alternativ TK-Kabeljau)
1 Zwiebel
2–3 Eier
1 Bund Petersilie
500 g Kartoffeln
1 Prise Pfeffer
etwas Öl zum Frittieren

Nährwerte p. P.

264 kcal
17 g Kohlenhydrate
11 g Fett
23 g Eiweiß

1 Haben Sie sich für Stockfisch entschieden, wässern Sie ihn für mindestens 24 Stunden, um ihn zu entsalzen. Wechseln Sie zwischendurch das Wasser. TK-Kabeljau tauen Sie vor der Verwendung auf.

2 Pellen Sie die Zwiebel und schneiden Sie sie in kleine Würfel. Spülen Sie die Petersiele ab und hacken Sie sie fein.

3 Kochen Sie die Kartoffeln als Pellkartoffeln (mit Schale). Anschließend pellen Sie sie, solange sie noch heiß sind.

4 Pressen Sie die Kartoffeln durch eine Kartoffelpresse oder stampfen Sie sie mit einem Stampfer. Stellen Sie die Kartoffeln zum Ausdampfen beiseite.

5 Währenddessen kochen Sie den Stockfisch (oder den aufgetauten Kabeljau) für etwa 20 Minuten. Entfernen Sie nach der Kochzeit die Haut und die Gräten.

6 Geben Sie den Fisch auf ein sauberes Geschirrtuch und wringen Sie die Feuchtigkeit heraus. Rubbeln Sie den Fisch in dem Tuch so lange, bis er in kleine Fasern zerfallen ist. Sie können ihn aber auch mit der Hand in kleinste Stückchen zerteilen.

7 Füllen Sie die gestampften Kartoffeln, den Fisch, die Zwiebel und die Petersilie sowie etwas Pfeffer in eine große Schüssel und vermischen Sie alle Zutaten gut miteinander.

8 Anschließend geben Sie die Eier dazu und rühren sie unter die Kartoffelmasse. Sie sollte zum Schluss nicht zu flüssig werden.

9 Formen Sie mit Hilfe von zwei Esslöffeln kleine "Nocken" aus der Kartoffelmasse.

10 Erhitzen Sie das Öl in einer ausreichend großen Pfanne und frittieren Sie die Nocken, bis sie in etwa die Farbe von Karamell erreicht haben.

11 Entfetten Sie die Nocken nach dem Frittieren auf einem Stück Küchenpapier.

Tipp: Diese Speise können Sie warm oder kalt genießen.

CORNUCÓPIAS COM CREME PASTELEIRO

BLÄTTERTEIGHÖRNCHEN

 6 Port.  45 Min.   Leicht

Zutaten

250 ml Milch
4 Eigelb
2 Pck. Blätterteig, in Scheiben
40 g Mehl
75 g Zucker
1 Ei
etwas Puderzucker
etwas Butter oder Margarine

Nährwerte p. P.

154 kcal
32 g Kohlenhydrate
1 g Fett
3 g Eiweiß

1 Kochen Sie in einem Topf 200 ml Milch auf. Währenddessen mischen Sie die restliche Milch mit dem Zucker, dem Mehl, dem Ei sowie zwei Eigelben zusammen.

2 Geben Sie die Masse in die kochende Milch und rühren Sie alles kräftig durch. Kochen Sie die Creme so lange unter ständigem Rühren weiter, bis sie sämig wird. Nehmen Sie die Creme von der Kochstelle und stellen Sie sie beiseite.

3 Schneiden Sie die Blätterteigscheiben in etwa 2 cm lange Streifen. Bepinseln Sie die Schillerlocken-Förmchen mit Butter oder Margarine.

4 Wickeln Sie die Blätterteigstreifen um die Förmchen, so dass kleine Hörnchen entstehen.

5 Verquirlen Sie die restlichen 2 Eigelbe und bepinseln Sie damit die äußere Seite der Blätterteighörnchen.

6 Heizen Sie den Backofen auf 175 °C Umluft vor. Platzieren Sie die Hörnchen auf einem mit Backpapier ausgelegten Backblech.

7 Backen Sie die Blätterteighörnchen für etwa 10 Minuten, bis sie eine goldbraune Farbe angenommen haben. Nach der Backzeit entfernen Sie die Förmchen.

8 Füllen Sie mit einer Gebäckspritze oder einem kleinen Löffel die Creme in die Blätterteighörnchen und bestreuen Sie sie mit Puderzucker.

Tipp: Für dieses Rezept benötigen Sie sogenannte „Schillerlocken-Förmchen". Diese können Sie bequem im Internet oder in einem gut sortierten Haushaltswarengeschäft erwerben.

BOLAS DE BERLIM

PORTUGIESISCHE BERLINER (VEGETARISCH)

15 Port.

2 Std. 40 Min.

Leicht

Zutaten

Teig:
420 g Mehl (Type 550)
25 g Hefe, frisch (alternativ 10 g Trockenhefe)
50 g Butter
125 ml Milch, warm
2 Eier
110 g Zucker
1 Prise Salz

Creme:
110 g Zucker
1 TL Vanilleextrakt
2 Eier
1 Zitrone, unbehandelt
30 g Maisstärke
500 ml Milch

ausreichende Menge Öl zum Frittieren
etwas Zucker

Nährwerte p. P.

233 kcal
39 g Kohlenhydrate
6 g Fett
6 g Eiweiß

1 Für die Creme waschen Sie die Zitrone heiß ab und schälen die Hälfte der Schale in dünnen Streifen ab.

2 Geben Sie 500 ml Milch in einen Topf und rühren Sie die Stärke, die Eier, den Zucker und die Zitronenschale mit dem Vanilleextrakt zu einer glatten Masse.

3 Bei mittlerer Hitze und unter stetigem Rühren kochen Sie die Flüssigkeit einmal auf.

4 Kochen Sie die Zutaten für eine halbe Minute und rühren Sie dabei kräftig um. Anschließend füllen Sie die Creme in eine Schüssel und decken sie ab.

5 Wenn die Creme auf Raumtemperatur herabgekühlt ist, stellen Sie sie in den Kühlschrank.

6 Währenddessen stellen Sie den Teig her, indem Sie die warme Milch mit der Hefe und dem Zucker in einer Schüssel verrühren.

7 Wenn sich der Zucker aufgelöst hat, geben Sie das Mehl, die Butter, die Eier und etwas Salz dazu und verkneten alle Zutaten zu einem homogenen Teig.

8 Stellen Sie die Schüssel zugedeckt an einen warmen Ort, bis sich das Volumen des Teiges verdoppelt hat.

9 Anschließend teilen Sie den Teig in 15 gleich große Stücke. Diese wiegen dann etwa 55 bis 60 Gramm.

10 Belegen Sie ein Backblech mit Backpapier. Formen Sie die Teiglinge zu Kugeln und legen Sie sie auf das Backblech.

11 Decken Sie das Blech ab und stellen Sie es abermals zum Ruhen beiseite, bis sich das Volumen verdoppelt hat.

12 Erhitzen Sie in einem Topf das Öl zum Frittieren auf ca. 180 °C. Alternativ können Sie natürlich auch eine herkömmliche Fritteuse verwenden.

13 Geben Sie die Teigkugeln nach und nach in das siedende Fett. Legen Sie einen Deckel auf oder schließen Sie die Fritteuse.

14 Backen Sie die Berliner für etwa 2 Minuten. Anschließend wenden Sie sie einmal und backen sie für weitere 2 Minuten, bis sie eine goldbraune Farbe angenommen haben.

15 Nehmen Sie die Berliner aus dem Fett und legen Sie sie kurz zum Entfetten auf ein Stück Küchenpapier. Dann wälzen Sie sie im Zucker und stellen sie zum Abkühlen beiseite. Füllen Sie die Creme in einen Spritzbeutel.

16 Schneiden Sie die Berliner mit einer Schere so weit wie möglich nach innen ein.

17 Füllen Sie eine reichliche Menge der Creme in die Berliner und servieren Sie sie alsbald.

Tipp: Die richtige Temperatur des Frittierfettes ist erreicht, wenn an einem Holzlöffelstiel kleine Blasen aufsteigen.

Wenn Sie die Berliner mit reichlich Zucker benetzen möchten, verzichten Sie auf das Entfetten und wälzen sie gleich nach dem Frittieren im Zucker.

PASTÉIS DE FEIJÃO

BOHNENTÖRTCHEN (VEGETARISCH)

 30 Port.

 1 Std.

 Mittel

Zutaten

Für den Teig:
300 g Mehl (Type 405)
150 ml Wasser
2 EL Butter
1 Prise Salz

Für die Füllung:
125 g Mandeln
500 g Zucker
etwas Mehl
etwas Wasser
15 Eigelb

etwas Butter
etwas Puderzucker zum Garnieren

Nährwerte p. P.

444 kcal
93 g Kohlenhydrate
6 g Fett
4 g Eiweiß

1 Am Vortag weichen Sie die Bohnen zum Quellen in ausreichend Wasser ein. Am Tag der Zubereitung spülen Sie die Bohnen mit kaltem Wasser gut ab.

2 Kochen Sie die Bohnen, bis sie weich sind. Anschließend gießen Sie die Bohnen in einem Küchensieb ab. Pürieren Sie die Bohnen mit einem Pürierstab zu einem Brei.

3 Für die Herstellung des Teiges geben Sie das Wasser mit dem Salz und der Butter in einen Topf. Kochen Sie die Zutaten einmal auf. Währenddessen sieben Sie das Mehl durch ein feines Küchensieb.

4 Nehmen Sie den Topf von der Kochstelle und geben Sie nach und nach unter ständigem Rühren das Mehl hinzu.

5 Rühren Sie die Masse mit einem Kochlöffel so lange durch, bis sich der Teig vom Boden löst.

6 Stellen Sie den Topf wieder auf die Kochstelle und erhitzen Sie den Teig bei geringer Temperatur und unter ständigem Rühren mit dem Kochlöffel.

7 Brennen Sie den Teig für etwa eine Minute ab. Dies geschieht unter Rühren und bewirkt, dass die Stärke im Mehl ausgekocht wird. Am Topfboden wird sich eine weiße Schicht bilden. Anschließend nehmen Sie den Topf von der Kochstelle.

8 Legen Sie den Teig auf eine bemehlte Arbeitsfläche und rollen Sie ihn dünn aus. Der Teig sollte jetzt etwas ruhen.

9 In der Zwischenzeit stellen Sie die Füllung her, indem Sie etwas Wasser in einem Topf aufkochen.

10 Nehmen Sie den Topf von der Kochstelle und geben Sie die Mandeln zum Blanchieren hinein.

11 Gießen Sie die Mandeln durch ein Küchensieb ab. Entfernen Sie die Haut von den Mandeln. Reiben Sie die Mandeln mit einer Reibe oder einer sogenannten Nussmühle so fein wie möglich. Mischen Sie die geriebenen Mandeln mit dem Bohnenpüree.

12 Geben Sie die Eigelbe in eine Schüssel. Schlagen Sie diese zu einer schaumigen Masse. Fügen Sie die schaumigen Eigelbe der Bohnen-Mandel-Mischung zu und heben Sie sie unter.

13 Geben Sie den Zucker mit ganz wenig Wasser in einen Topf. Kochen Sie das Zuckerwasser kurz auf. Köcheln Sie es, bis Blasen aufsteigen.

14 Geben Sie den Zuckersirup zur Bohnen-Mandel-Mischung und rühren Sie alle Zutaten gut durch. Stellen Sie die Füllung zum Abkühlen beiseite.

15 Heizen Sie den Backofen auf 225 °C Ober-/Unterhitze oder auf 190 °C Umluft vor.

16 Fetten Sie eine Muffinform mit etwas Butter ein. Schneiden Sie den Teig in Größe der Förmchen zu und legen Sie ihn hinein. Füllen Sie den Teig mit der inzwischen abgekühlten Füllung.

17 Streuen Sie etwas Mehl und Puderzucker darüber. Backen Sie die Bohnentörtchen für etwa 25 Minuten, bis sie eine goldbraune Farbe angenommen haben.

18 Nach der Backzeit stellen Sie die Törtchen zum Abkühlen auf einen Küchenrost. Zum Servieren streuen Sie noch etwas Puderzucker über die Bohnentörtchen.

Desserts

BABA DE CAMELO

PORTUGIESISCHE KAMELSPUCKE (VEGETARISCH)

4 Port.

30 Min.

Leicht

Zutaten

100 g Mandelblättchen
5 Eier
1 Dose Kondensmilch, gezuckert (400 g)
etwas Wasser
1 Prise Salz

Nährwerte p. P.

363 kcal
12 g Kohlenhydrate
26 g Fett
18 g Eiweiß

1 Füllen Sie die Kondensmilch in eine Pfanne. Bei mittlerer Hitze kochen Sie die Milch unter ständigem Rühren für etwa 15 Minuten. Während der Kochzeit wird die Kondensmilch karamellisieren und deshalb die Farbe von Karamell annehmen.

2 Zum Ende der Kochzeit wird die Milch sehr dickflüssig geworden sein. Füllen Sie deshalb etwas Wasser dazu.

3 Stellen Sie die Karamellmasse zum Abkühlen beiseite und füllen Sie sie anschließend in eine Schüssel.

4 Trennen Sie die Eier und schlagen Sie das Eiweiß mit einer Prise Salz zu einem festen Schnee. Die Eigelbe vermischen Sie mit der inzwischen abgekühlten Karamellmasse. Heben Sie den Eischnee vorsichtig unter die Masse. Füllen Sie die "Kamelspucke" in eine frostbeständige Form.

5 Rösten Sie in einer Pfanne die Mandelblättchen für einige Minuten an und streuen Sie sie anschließend über die Karamellmasse.

6 Stellen Sie das Dessert bis zum Servieren in den Kühlschrank.

Tipp: Keine Angst, Sie müssen jetzt kein Kamel einfangen, um an dessen Speichel zu kommen. Hier handelt es sich lediglich um die wörtliche Übersetzung aus dem Portugiesischen. Bitte verwenden Sie für dieses Rezept unbedingt eine gezuckerte Kondensmilch und keine herkömmliche. Einen noch besseren Geschmack erzielen Sie, wenn Sie das Dessert vor dem Servieren für 1 bis 2 Stunden in das Gefrierfach stellen.

ARROZ DOCE

PORTUGIESISCHER MILCHREISPUDDING (VEGETARISCH)

4 Port.

30 Min.

Leicht

Zutaten

250 g Zucker
1 TL Butter
750 ml Milch
1 Zitrone, unbehandelt
3 Eigelb
250 g Milchreis
1 Prise Salz
etwas Zimt zum Bestreuen

Nährwerte p. P.

506 kcal
81 g Kohlenhydrate
15 g Fett
11 g Eiweiß

1 Waschen Sie die Zitrone und schneiden Sie die Schale dünn ab. Geben Sie die Milch, den Zucker, die Butter, die Zitronenschale und das Salz in einen Topf und kochen Sie die Flüssigkeit einmal auf.

2 Nehmen Sie den Topf von der Kochstelle und fügen Sie unter ständigem Rühren den Milchreis hinzu.

3 Kochen Sie den Milchreis kurz auf und garen Sie ihn anschließend bei niedriger Hitze für ca. 20 Minuten.

4 Nehmen Sie die Zitronenschale aus dem Milchreis heraus. Rühren Sie vorsichtig die verquirlten Eigelbe in den Milchreis.

5 Füllen Sie die Speise in kleine Schälchen und stellen Sie sie zum Abkühlen beiseite.

6 Zum Servieren bestreuen Sie den Milchreis mit Zimt. Sehr appetitlich sieht es aus, wenn Sie ein Gittermuster kreieren.

Tipp: Sie können, wenn Sie vorsichtig sein möchten, den Milchreis nach dem Einbringen der Eigelbe noch für weitere 3 Minuten unter Rühren köcheln.

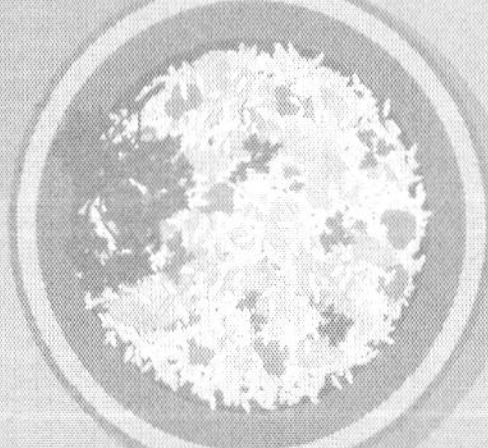

SERICAIA

GEBACKENER EIERKUCHEN (VEGETARISCH)

 6 Port.  45 Min.  Leicht

Zutaten

540 g Eiweiß
350 g Zucker
150 g Mehl
540 g Eiweiß
360 g Eigelb
1 l Milch
Schale von 1 Zitrone
nach Belieben Zimt

Nährwerte p. P.

691 kcal
85 g Kohlenhydrate
26 g Fett
28 g Eiweiß

1 Waschen Sie die Zitrone und schälen Sie die Schale dünn ab. Mischen Sie das Mehl und den Zucker zusammen und geben Sie die Eigelbe dazu.

2 Verrühren Sie alle Zutaten gut miteinander. Geben Sie die Milch in einen Topf und fügen Sie die Zitronenschale hinzu. Kochen Sie die Milch einmal auf.

3 Geben Sie einen kleinen Teil der warmen Milch in die Mehlmischung. So wird das darin befindliche Eigelb etwas vorgewärmt.

4 Fügen Sie nun die Mehlmischung der Milch bei und erhitzen Sie diese vorsichtig, bis ein dicklicher Brei entsteht.

5 Stellen Sie den Brei zum Abkühlen beiseite. Stellen Sie aus den Eiweißen einen Eischnee her.

6 Heben Sie den Eischnee unter die Milchmischung, sobald diese etwas abgekühlt ist.

7 Fetten Sie eine geeignete ofenfeste (runde) Form ein und streuen Sie sie mit Zimtpulver aus.

8 Heizen Sie den Backofen auf 220 °C Ober-/Unterhitze vor. Backen Sie die Speise für etwa 10 Minuten und ritzen Sie dann die Oberfläche mehrfach ein. Backen Sie die Speise für weitere 20 Minuten.

9 Nach der Backzeit stellen Sie den Eierkuchen zum Abkühlen auf eine hitzebeständige Unterlage.

10 Servieren Sie den Eierkuchen kalt.

RABANADAS

ARME RITTER (VEGETARISCH)

8 Port.

30 Min.

Leicht

Zutaten

600 ml Milch
8 Scheiben beliebiges Brot
1 Zimtstange
3 EL Zucker
500 ml Öl
3 Eier
2 EL Zimtpulver

Nährwerte p. P.

695 kcal
26 g Kohlenhydrate
62 g Fett
6 g Eiweiß

1 Geben Sie die Milch und die Zimtstange in eine Pfanne und erhitzen Sie sie. Anschließend stellen Sie die Pfanne zum Abkühlen beiseite.

2 Verquirlen Sie in der Zwischenzeit die Eier in einer flachen Schüssel. Erhitzen Sie in einer weiteren Pfanne das Öl.

3 Weichen Sie die Brotscheiben kurz in der Milchmischung ein. Anschließend ziehen Sie die Brotscheiben durch das verquirlte Ei.

4 Braten Sie die Brotscheiben, bis sie eine goldbraune Farbe angenommen haben.

5 Nach dem Braten entfetten Sie die Brotscheiben auf einem Stück Küchenpapier.

6 Mischen Sie den Zimt und den Zucker zusammen und bestreuen Sie damit die Brotscheiben.

Tipp: Durch die Brotsorte kann es zu unterschiedlichen Geschmäcken kommen.

Diese Speise ist in Portugal und auch in Brasilien eine beliebte weihnachtliche Nachspeise.

MAÇÃS RECHEADAS

GEFÜLLTE ÄPFEL (VEGETARISCH)

6 Port.

1 Std. 15 Min.

Leicht

Zutaten

6 große Äpfel
Zitronensaft
etwas Butter zum Einfetten
2 l Wasser

Füllung:
50 g geriebene Mandeln
20 g weiche Butter
2 EL Portwein
30 g Zucker
50 g Sultaninen (alternativ Rosinen)
30 g Honig

Creme:
1 Pck. Vanillepuddingpulver zum Kochen
500 ml Milch
250 ml Sahne
50 g Zucker

Nährwerte p. P.

475 kcal
55 g Kohlenhydrate
26 g Fett,
6 g Eiweiß

1 Fetten Sie eine ausreichend große Auflaufform (Äpfel müssen nebeneinander passen) mit Butter ein.

2 Pressen Sie den Saft einer Zitrone aus. Kochen Sie etwa zwei Liter Wasser mit dem Zitronensaft auf.

3 In der Zwischenzeit schälen Sie die Äpfel und entfernen das Kerngehäuse. Die Äpfel bleiben ganz. Geben Sie die Äpfel in das kochende Wasser. Belassen Sie die Äpfel bei mäßiger Hitze für ca. 1½ Minuten im Kochwasser.

4 Anschließend holen Sie die Äpfel heraus und stellen sie mit der Öffnung nach oben in die Auflaufform.

5 Füllen Sie die Sultaninen in ein Küchensieb und spülen Sie sie mit heißem Wasser ab. Stellen Sie sie zum Abtropfen beiseite.

6 Währenddessen vermischen Sie die weiche Butter mit dem Honig, den Mandeln und dem Zucker. Fügen Sie den Portwein und die Sultaninen hinzu und rühren Sie alle Zutaten zusammen. Befüllen Sie die Äpfel mit der Masse.

7 Heizen Sie den Backofen auf 180 °C Umluft vor. In der Zwischenzeit stellen Sie die Creme her, indem Sie 375 ml von der Milch mit dem Zucker verrühren.

8 Kochen Sie diese Mischung einmal kurz auf. Die übrige Milch verrühren Sie mit dem Puddingpulver und geben das Gemisch in die kochende Milch.

9 Bei niedriger Hitze und unter ständigem Rühren köcheln Sie den Pudding für etwa eine halbe Minute. Füllen Sie die Vanillecreme zum Abkühlen in eine Schüssel.

10 Schlagen Sie die Schlagsahne und geben Sie die Hälfte in die Vanillecreme. Den Rest stellen Sie in den Kühlschrank. Geben Sie die Vanillecreme über die Äpfel.

11 Backen Sie die Äpfel auf der untersten Schiene für etwa 45 Minuten, bis sie eine goldbraune Farbe angenommen haben.

12 Nach der Backzeit verteilen Sie die restliche Sahne über den Äpfeln und servieren diese sofort.

QUINDIM

KOKOSNUSS-PUDDING (VEGETARISCH)

6 Port.

30 Min.

Leicht

Zutaten

250 g Zucker
100 g Kokosraspel
6 Eigelb
2 EL Butter
1 Prise Salz

Nährwerte p. P.

371 kcal
43 g Kohlenhydrate
20 g Fett
4 g Eiweiß

1 Verrühren Sie alle Zutaten in einer Rührschüssel zu einer glatten Masse. Stellen Sie die Masse für etwa 15 Minuten beiseite.

2 In der Zwischenzeit fetten Sie 6 ofenfeste Förmchen mit Butter ein und streuen sie mit Zucker aus.

3 Heizen Sie den Backofen auf 180 °C Umluft vor und bereiten Sie eine größere Menge kochendes Wasser vor.

4 Nach der Ruhezeit füllen Sie die Masse in die Förmchen und platzieren diese auf einem tiefen Backblech.

5 Füllen Sie anschließend das kochende Wasser in das Backblech. Die Puddingförmchen sollten sich etwa halbhoch im Wasser befinden.

6 Backen Sie den Pudding für etwa 20 bis 30 Minuten, bis sich die obere Schicht leicht bräunt.

7 Nach der Backzeit stellen Sie die Förmchen zum Abkühlen auf ein Küchengitter.

8 Lösen Sie mit Hilfe eines Messers den Pudding aus den Förmchen.

CASTELLA

HONIGKUCHEN (VEGETARISCH)

6 Port.

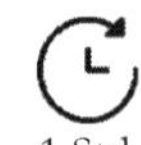
1 Std.

Leicht

Zutaten

100 g Zucker
3 EL Honig
3 Eier
100 g Mehl
25 ml Wasser, warm

Nährwerte p. P.

187 kcal
36 g Kohlenhydrate
3 g Fett
4 g Eiweiß

1 Vermischen Sie den Honig mit dem Wasser. Schlagen Sie die Eier mit einem Schneebesen kurz auf.

2 Geben Sie anschließend nach und nach den Zucker dazu. Rühren Sie dabei ständig um. Die Masse sollte eine hellgelbe Farbe bekommen und das Volumen sollte sich deutlich vergrößern.

3 Fügen Sie nun den Honig dazu. Rühren Sie auch dabei ständig um. Zum Schluss sieben Sie das Mehl in die Masse und vermischen alle Zutaten gut miteinander.

4 Heizen Sie den Backofen auf 180 °C Umluft vor.

5 Fetten Sie eine Kastenform ein und füllen Sie den Teig hinein. Backen Sie den Kuchen für etwa 35 bis 40 Minuten.

Getränke

PORTUGIESISCHE SANGRIA

16 Port. | 2 Std. 10 Min. | Leicht

Zutaten

250 ml Wermut, süß und weiß
1 l Zitronenlimonade
750 ml Sekt oder Weißwein
2 Zitronen
2 Orangen
2 Äpfel
2 Pfirsiche
etwas Minze
Eiswürfel

Nährwerte p. P.

94 kcal
13 g Kohlenhydrate
0 g Fett
1 g Eiweiß

1 Waschen Sie alle Obstsorten heiß ab. Schneiden Sie die Pfirsiche in Eckform vom Kern ab. Halbieren Sie die Pfirsichstücke.

2 Entfernen Sie von den Zitronen und den Orangen jeweils die Enden. Schneiden Sie die Zitrusfrüchte in Scheiben. Entkernen Sie die Äpfel und schneiden Sie sie in dünne Stücke.

3 Geben Sie alle Fruchtstücke in ein großes Gefäß, etwa eine Bowle. Füllen Sie den Wermut über die Früchte.

4 Sollten Sie Wein verwenden, können Sie diesen jetzt ebenfalls dazugeben. Stellen Sie die Bowle für 2 Stunden zum Ziehen beiseite.

5 Kurz vor dem Servieren füllen Sie den Sekt und die Zitronenlimonade in die Bowle.

6 Spülen Sie die Minze ab. Nehmen Sie die Minzblätter in die Hand und "klatschen" Sie mit der anderen Hand einmal dagegen.

7 Geben Sie einige Eiswürfel und Minzblätter in ein Glas und füllen Sie es mit der Sangria auf.

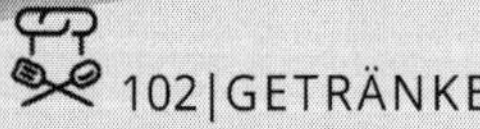

Soßen, Aufstriche, Cremes & Dips

PORTUGIESISCHE THUNFISCHPASTE

2 Port.

20 Min.

Leicht

Zutaten

1 Dose Thunfisch (in Öl)
125 ml Olivenöl
1 Knoblauchzehe
1 TL Kräuter, frisch
2 Eier
1 Zwiebel
etwas Zitronensaft
1 Prise Pfeffer
3 Prisen Salz
1 Prise Chilipulver

Nährwerte p. P.

648 kcal
4 g Kohlenhydrate
68 g Fett
5 g Eiweiß

1 Geben Sie den Thunfisch zum Abtropfen in ein Küchensieb. Wenn Sie möchten, können Sie das Öl auffangen und es entsprechend der Olivenölmenge beimischen.

2 Kochen Sie ein Ei hart. Spülen Sie die Kräuter ab und hacken Sie sie in kleine Stücke. Pellen Sie die Zwiebel und den Knoblauch.

3 Schneiden Sie die Zwiebel in kleine Würfel und den Knoblauch hacken Sie so klein wie möglich.

4 Schneiden Sie das gekochte Ei in grobe Würfel. Geben Sie die Knoblauchzehe mit zwei Prisen Salz in eine hohe Rührschüssel.

5 Fügen Sie insgesamt 125 ml Öl dazu, entweder die komplette Menge aus Olivenöl bestehend oder gemischt mit dem Öl aus der Thunfischdose. Anschließend geben Sie das rohe Ei dazu.

6 Mit einem Pürierstab mischen Sie alle Zutaten zu einer festen Masse. Vermischen Sie nun in einer anderen Rührschüssel den zerpflückten Thunfisch, die Zwiebel, die gehackten Kräuter und das gekochte Ei.

7 Fügen Sie anschließend nach und nach löffelweise von der "Mayonnaise" dazu. Die Zutaten sollen nicht darin untergehen, es soll eine feste Masse entstehen. Übriggebliebene Mayonnaise können Sie für etwa 2 Tage im Kühlschrank lagern und anderweitig verwenden.

8 Zum Schluss würzen Sie den Dip mit Salz, Pfeffer und Chilipulver. Geben Sie außerdem etwas Zitronensaft dazu.

Tipp: Sie können die Thunfischpaste variieren, indem Sie andere Zutaten verwenden. Zum Beispiel passen gut Paprikawürfel oder Kapern dazu. Anstelle der selbst hergestellten Mayonnaise können Sie auch auf ein Fertigprodukt zurückgreifen, falls Sie sich wegen des rohen Eis etwas unsicher sind.

PIRI-PIRI-SOßE

2 Port.

30 Min.

Mittel

Zutaten

75 ml Zitronensaft
180 ml Olivenöl
90 ml Rotweinessig
5 Knoblauchzehen
1 Zwiebel
3 Piri-Piri-Chilischoten
1 Paprika, rot
2 TL Paprikapulver, edelsüß
2 TL Oregano
1 TL Paprikapulver, geräuchert
1 TL Cayenne-Pfeffer
1 Prise Pfeffer
2 Prisen Salz

Nährwerte p. P.

938 kcal
20 g Kohlenhydrate
92 g Fett
5 g Eiweiß

1 Waschen Sie die Paprika und legen Sie sie auf ein Backblech. Flämmen Sie die Paprika mit einem Bunsenbrenner rundherum einmal ab.

2 Anschließend kratzen Sie die schwarzen Stellen mit einem Messer ab und schneiden die Paprika in grobe Stücke.

3 Entfernen Sie die Kerne aus den Piri-Piri-Schoten. Pellen Sie die Zwiebel und schneiden Sie sie in grobe Würfel.

4 Erhitzen Sie etwas Öl in einer Pfanne und schwitzen Sie die Piri-Piri und die Zwiebelwürfel kurz an.

5 Pellen Sie den Knoblauch und schneiden Sie ihn in grobe Stücke. Geben Sie die Paprika, die Piri-Piri-Schoten, den Knoblauch und die Zwiebelwürfel zusammen mit dem Olivenöl, dem Zitronensaft, dem Essig und den Gewürzen in eine Rührschüssel.

6 Pürieren Sie alle Zutaten mit einem Pürierstab zu einer feinen Masse. Füllen Sie die Soße in Schraubgläser und verwahren Sie sie im Kühlschrank.

Hinweis: Für dieses Rezept brauchen Sie einen Bunsenbrenner.

PISO

PORTUGIESISCHES PESTO

2 Port.

20 Min.

Leicht

Zutaten

80 ml Olivenöl
1 Prise Pfeffer, schwarz und frisch gemahlen
½ TL Salz
1 Spritzer Zitronensaft
10 Stängel Koriander
2 Streifen Zitronenschale, unbehandelt
1 Knoblauchzehe
10 Stängel Petersilie

Nährwerte p. P.

396 kcal
4 g Kohlenhydrate
40 g Fett
2 g Eiweiß

1 Pellen Sie den Knoblauch und schneiden Sie ihn in kleine Stücke. Spülen Sie die Kräuter ab und hacken Sie sie in grobe Stücke.

2 Für die weiteren Schritte können Sie entweder einen Mörser oder einen elektrischen Hacker verwenden.

3 Füllen Sie die Kräuter, den Knoblauch, das Salz, den Pfeffer und die Zitronenschale in einen Mörser. Zerstampfen Sie alle Zutaten zu einer sämigen Masse. Geben Sie nun das Olivenöl dazu und rühren Sie es unter die Masse.

4 Bei Verwendung eines elektrischen Hackers füllen Sie alle Zutaten (außer das Olivenöl) in das Gerät. Mixen Sie alle Zutaten zusammen, währenddessen geben Sie nach und nach das Olivenöl dazu.

5 Schmecken Sie zum Schluss das Pesto mit dem Zitronensaft ab.

CEBOLADA

PORTUGIESISCHE ZWIEBELSOßE

4 Port.

45 Min.

Leicht

Zutaten

4 Knoblauchzehen
4 Gemüsezwiebeln
8 Strauchtomaten
100 ml Weißwein
2 EL Tomatenmark
3 EL Olivenöl
100 ml Gemüsebrühe
1 EL Zucker, braun
Je 1 Prise Salz, Pfeffer und Paprikapulver, geräuchert
etwas Petersilie zum Garnieren

Nährwerte p. P.

255 kcal
23 g Kohlenhydrate
13 g Fett
5 g Eiweiß

1 Übergießen Sie die Tomaten mit heißem Wasser und entfernen Sie die Haut. Anschließend schneiden Sie sie in feine Stücke.

2 Pellen Sie die Zwiebeln und schneiden Sie sie in Ringe. Pellen Sie den Knoblauch und schneiden Sie ihn in feine Stücke.

3 Erhitzen Sie das Olivenöl in einer Pfanne. Dünsten Sie die Zwiebeln und den Knoblauch glasig an. Fügen Sie nun die Tomaten dazu.

4 Kochen Sie alles unter ständigem Rühren einmal auf. Geben Sie anschließend das Tomatenmark und den Wein in die Pfanne und rühren Sie alle Zutaten zusammen.

5 Würzen Sie die Soße mit dem Salz, dem Pfeffer, dem Zucker und dem Paprikapulver. Füllen Sie die Gemüsebrühe dazu.

6 Köcheln Sie die Soße für etwa 25 bis 30 Minuten. Sie soll eine leicht dickliche Konsistenz erreichen. In der Zwischenzeit spülen Sie die Petersilie ab und hacken sie in feine Stücke.

7 Zum Servieren streuen Sie die Petersilie über die Soße.

MADEIRASOẞE

4 Port.

40 Min.

Leicht

Zutaten

300 ml Fleischbrühe
100 ml Madeira-Likörwein
1 EL Tomatenmark
40 g Mehl
2 Zwiebeln
50 g Butter
Je 1 Prise Salz und Pfeffer

Nährwerte p. P.

162 kcal
10 g Kohlenhydrate
11 g Fett
2 g Eiweiß

1 Pellen Sie die Zwiebeln und schneiden Sie sie in feine Würfel.

2 Erhitzen Sie die Butter in einer Pfanne. Geben Sie die Zwiebeln hinein und dünsten Sie sie glasig an.

3 Streuen Sie anschließend das Mehl darüber. Rösten Sie die Zutaten unter Rühren leicht an.

4 Löschen Sie alles mit der Fleischbrühe ab und rühren Sie so lange, bis eine sämige Masse entsteht.

5 Geben Sie das Tomatenmark und den Likörwein dazu. Kochen Sie alles unter ständigem Rühren einmal auf. Reduzieren Sie die Temperatur und köcheln Sie die Soße für etwa 30 Minuten.

6 Schmecken Sie die Soße mit Salz und Pfeffer ab. Zum Schluss geben Sie die Soße durch ein Sieb und servieren sie in einer vorgewärmten Soßenschale.